社会工作平台管理

魏晨 李同 编著

中国商务出版社
CHINA COMMERCE AND TRADE PRESS

图书在版编目（CIP）数据

社会工作平台管理 / 魏晨，李同编著．—北京：中国商务出版社，2021.9

ISBN 978-7-5103-3981-3

Ⅰ．①社…　Ⅱ．①魏…②李…　Ⅲ．①社会工作—平台—研究—中国　Ⅳ．①D632

中国版本图书馆 CIP 数据核字（2021）第 192295 号

社会工作平台管理
SHEHUI GONGZUO PINGTAI GUANLI

魏晨　李同　编著

出　　版：中国商务出版社
地　　址：北京市东城区安定门外大街东后巷 28 号　邮编：100710
总 发 行：中国商务出版社发行部（010-64266119　64515150）
网购零售：010-64269744
网　　址：http://www.cctpress.com
邮　　箱：cctp@cctpress.com
印　　刷：天津雅泽印刷有限公司
开　　本：787 毫米 ×1092 毫米　1/16
印　　张：12.5　　字　　数：218 千字
版　　次：2022 年 1 月第 1 版　　印　　次：2022 年 1 月第 1 次印刷
书　　号：ISBN 978-7-5103-3981-3
定　　价：55.00 元

前　言

社会工作的管理是个既老旧又新鲜的课题。说它老旧，是因为作为职业的社会工作，无时无刻不和各种管理打着交道，社会工作机构管理、项目管理、团队管理、运营管理、服务管理、平台管理、财务管理几乎无所不在。说它新鲜，是因为专业的社会工作教育领域对于这一课题的研究还远没有开始，尚未形成体系化科研与教育成果，一直缺乏社会工作管理的教材与相关教辅用书，在社会工作教育领域存在着较大遗憾，尚不能回应现实发展的需要。

江苏师范大学的社会工作专业教育在过去的20年的发展中，越来越呈现专业、职业、行业、事业“四业”同频共振的发展特点。缘起于江苏师大的“乐仁乐助”系列社会工作机构，在职业化进程中不同探索行业发展中最前沿问题，特别是在社会工作管理方面做了积极有益的探索，形成了系列化研究成果，并且通过合作网络不断将相关知识生产的成果辐射到全国的多个城市。在促进行业发展的同时，职业化的实践活动又反哺了社会工作专业的发展，形成了系列化社会工作管理教材与科研成果，《社会工作平台管理》便是其中的一本。

平台管理是新兴的管理领域。平台本身具有极强的边际效用与负竞争性。对于平台的所有者而言，通常平台使用的人数越多，使用频率越高，平台本身的价值就越大。对于平台使用者来说，如果平台使用频率越高，购物的效率提升和多样化需求得到满足等的效用也会随之提高。这种边际效用不断增强与负竞争性的特征，在平台内部形成特殊的管理作用，这些都不断催生了平台型经济。传统以所有权为根本的企业组织在面对平台经济时都出现了不同状态的溃败。平台型组织的管理则是“将自己变成提供资源支持的平台，并通过开放的共享机制，赋予员工相当的财务权、人事权和决策权，使其能够通过灵活的项目形式（经营体、小微生态圈、模拟公司等）组织各类资源，形成产品、服务、解决方案，满足用户的各类个性化需求。”这种管理方式使得市场越来越有形化、平台化、数字化，带动了整体经济的发展。

而这些平台组织所强调开放、共享、授权的理念与社会工作所强调的赋能、还权、自决、支持等理念有着天然的契合性。同时，本土化社会工作的发展，也催生了一系列社会工作平台与平台型社会工作组织，形成了对于平台建设、平台运行、平台管理以及平台型组织建设的内在需求。社会工作平台管理既有孵化器、社工站、公益创投等线下的平台管理要求，因此离不开管理咨询、管理诊断、管理规划等传统的管理方法、技术与工具；也有因为互联网作用产生的赋能、共享、授权等新管理需要，需要创新管理方法、技术与工具。因此，社会工作平台管理既指对于平台的管理，也包括社会工作组织自身的平台化管理。管理能力也分为外部平台管理能力与内部平台化管理能力。

《社会工作平台管理》立足于国内社会工作平台，以孵化器作为主要的平台类型进行研究，针对其龙头示范特性、桥梁纽带特性、技术支持特性进行探究，并对其结构、功能、生态等多种功能进行分析，提出社会工作平台是从“自然人赋能向组织赋能，从优势视角到优势平台转化，从‘人在情境中’到‘人与情境互构’变化中不断实现平台管理功能”的论断。运营社会工作平台的组织从一般服务型机构转化成为平台型社会组织时，法人治理结构、管理结构及管理体系上都应随之变革，全员参与、权力分权、价值共识、人性聚合、责任共担、创新激活、建立内部市场、员工自由组合、内部数据透明、风险共担是着力的重点，组织目标、质量、风险的督导、督察、评估机制是基本的保障。全书对于社会工作平台管理的具体管理方法与技术做了分门别类的阐释，并对孵化器、社工总站平台进行了专题诊断。本书第一、二、三、四、十、十一章由魏晨编写，第四、五章由蔡晓鹏、赵影、李同编写，第六、七、八、九章由凌珍、李同、魏晨编写。

编　者

2021 年 7 月

目　　录

第一章　社会工作平台管理概论

第一节　社会工作平台

一、什么是平台

平台的本意是提供服务、施展才能的舞台、环境、条件的总和。在平台经济学与平台管理学当中，平台专指一种组织形式，这种组织形式将无形市场组织化、显性化，使得平台的边际效用不断增强。社会工作平台实际指的是为社会工作服务提供支持的舞台、条件、环境的总和。近十年社会工作发展受到了平台经济学与管理学非常大的影响，出现了一系列的社会工作平台，既包括线下实体操作的平台，也包括线上运作的虚拟平台。这些平台的出现是和经济领域的实体变化及社会工作发展高度相关的。社会工作的发展离不开平台的支持，平台为社会工作的孵化、监督、评估、发展提供了有利的条件和发展的舞台。

二、平台经济学

“平台经济学是法国图卢兹大学的一些学者提出的产业组织理论。和传统微观经济学中厂商和消费者无摩擦地形成供求关系和市场均衡不同的是，平台理论认为，厂商和消费者必须接入一个平台，才能解决时空搜索和邂逅的问题。平台两端为平台支付的费用是极不均衡的，通常厂商负担全部平台成本，而消费者免费使用甚至可享受补贴。例如，消费者进入菜市场、机场，收听广播，使用微信等，就完全不需要付费，平台经营者向厂商收费。平台理论也被称为network economy。平台之所以出现，是因为平台虽然是垄断的，但其维持费用不一定高于无平台时社会福利最大化的费用。"[①]

在平台经济学看来，平台本身具有市场特征，"平台经济学打破了传统经济学中只分析买方或者卖方的局限，它是将市场作为研究对象，分析其在资源配置过程中如何管利的经济学。平台实际上是将传统'无形'市场'显性化'的经济组织形式"，"网络直接外部性十分明显，即随着用户基础的不断增加，每个人从该平台上获得的价值与效用也会不断增加"[②]。

实际上经济学眼中的平台是配给资源的平台，在于该平台的存在效用能够大于市场的自然配给效用。平台经济是一种经济社会现象，而（经济）平台则属于一种"物品"。可以说，各类平台经济之所以能够异军突起、风起云涌，其根本原因就在于平台本身具有共同递增的边际效用与负竞争性。

对于平台的所有者而言，通常平台使用的人数越多，使用频率越高，平台本身的价值就越大。对于平台使用者来说，平台使用的频率越高，购物的效率提升和多样化需求得到满足的效用也会越高。对于平台的消费者来说，平台使用强度增大（通常平台也会随之扩张），他们从平台的使用中获得的边际效用也会提高。所以，平台经济学中平台所有者、使用者、消费者第一次在同一种市场行为当中实现了"共同的边际效用"增强，从而将市场两端的竞争性行为转化成为负竞争性的市场行为特征。这样的外部市场变化必然会衍生出不一样的平台型组织。按照是否有形的标准，可以将"平台"分为实体平台和互联网平台两大类。

三、平台型组织

传统以所有权为根本的企业组织在面对平台经济时都出现了不同状态的溃败，在平台经济大的作用体系下，类似于阿里、腾讯一类互联网平台型的企业不断涌现，这类平台型企业"将自己变成提供资源支持的平台，并通过开放的共享机制，赋予员工相当的财务权、人事权和决策权，使其能够通过灵活的项目形式（也有企业将其称为经营体、小微生态圈、模拟公司等）组织各类资源，形成产品与服务方案，满足用户的各类个性化需求。这一过程中，员工变成了

① 何五星．互联网金融模式与实战 [M]. 广州：广东人民出版社，2015：29.

② 徐晋．平台竞争战略 [M]. 上海：上海交通大学出版社，2013：232.

为自己打工的创客，而创客和企业都能够从项目的成功中分享可观收益”[①]。

技术创新使得经济领域广泛使用了数字化与智能化的技术，使得人的协作方式更加通透高效，因此激发人类潜能的管理方式也在不断升级，组织人类协作的组织架构也发生了彻底变革，平台型组织不断涌现。

四、平台型管理

不同于一般组织的管理，平台型组织所要求的管理结构柔性化、文化利他化、权力分散化等特征不断在组织管理中出现。在组织管理中，很多中国企业以阿米巴经营管理模式为核心进行了管理升级。阿米巴经营的本质是一种量化的赋权管理模式，以各个阿米巴的领导为核心，将组织划分成小的单元，让其自行制订各自计划，追求收入最大化和成本费用最小化，以应对市场的快速变化。经营权下放之后，各个小单元的领导会树立“自己也是一名经营者”的意识，进而萌生出作为经营者的责任感，尽可能提升绩效。阿米巴模式让员工从“被动”工作转变为“主动”追求。如果阿米巴领导及其成员自己制定目标并为实现这一目标而努力工作，感到工作有意义，那么全体员工就能够在工作中找到乐趣和价值。平台型管理的工作也发生了很大变化，以前是传授供应链知识，现在是教这些合作伙伴如何去搭建平台和变得与领导一样强。

整体来看，平台型经济与平台组织、平台管理同步产生，相互作用推进了整体经济形态的转型。

五、社会工作平台

在现实当中，各种社会工作平台中存量最大、平台特征最为典型的是公益孵化器。以江苏省为例，全省出现了1000多家公益孵化器，孵化器的总量较大，建设水平较高，但是运行绩效并没有取得理想的成效。原因在于孵化器平台发展速度很快，但是平台建设、平台运行、平台组织、平台管理水平没有跟上。从经济学的角度来看，只有业务形态同组织形态、管理形态同步发生变革，才能进行组织整体变革。同理，只有业务形态与社会形态、组织形态、管理形态同步发生变革，孵化器一类的社会工作平台成效才会显现。

---

① 穆胜．超级平台型组织：让企业变成硅谷[J]. 中欧商业评论，2020（8）16–22.

很多社会工作机构起源于一线社会服务，机构属于社会服务机构，并没有运营社会工作平台的经验。在运营社会工作平台的过程中，并没有意识到自身从社会服务机构向平台型组织转化的必要性，从一般组织管理向平台组织管理转化的必然性。在社会工作平台运营中，继续延续过去社会服务机构的管理模式，从而陷入困境之中。无论是孵化器、公益创投、教育平台等线下社会工作平台，还是共享网络、学习平台等线上平台，社工机构运营过程中都出现了大量的问题。如何提高社会工作平台的组织与管理水平，已经成为当前社会工作管理中最为急迫性的问题。从研究的角度上，找到平台运作管理模型就显得特别重要。

社会工作平台中的孵化器平台以及与之相似的社会工作站、社区服务中心一类实体平台的管理需求最为迫切，深圳举办的慈展会以及各地不定期举办的"社会工作洽谈会"等非常设平台的管理需求较不紧迫，而线上网络平台总体存量不大，也没有真正和社会工作平台融合。基于此，本书的研究与编写主要是以公益孵化器为例来进行社会工作平台管理的研究。

第二节　平台型社会工作组织

随着社会工作平台的兴起，运营平台的平台型社会组织也不断涌现。平台型的社会组织指的是在行业内居于龙头领先地位，能够起示范引领、桥梁中介、资源整合、要素集成、优势转化作用的能够带领其他组织发展的社会组织。

伴随着社会工作平台的发展，运营社会工作平台的社会工作组织应从一般服务型机构转化成为平台型社会工作组织，组织内部的管理从法人治理结构、管理结构到管理体系上都应发生较大改变。平台型社会工作组织应更多以中介型组织的角色出现在政府与社会组织之间，基金会与社会组织之间，衍生出枢纽、中介、桥梁等功能。但是，现实运行社会工作平台的社工机构的管理并没有发生变化，仍然照搬社会服务机构的组织形态与管理方式，产生了一系列的问题，社会工作平台本身并没有出现共同递增的边际效用与负竞争性、共享性的特征。

要运营好社会工作平台，就要更好地做好组织内部的平台化管理。一方面社会工作平台的管理需要将资源、资金、项目、组织、平台等要素共享化、网络化；另一方面需要运行机构转化为平台型社会工作组织，在组织内部实现平台化管理。因此，社会工作平台管理既指的是对于外部社会工作平台的管理，也包括内部平台型社会工作组织的平台化管理。

在传统的公益领域里，平台型社会组织或者平台型组织的概念有的时候更多指的是群团类的组织，但是群团本身是党的群团，是带有政治属性的组织，不能简单地认为它们是社会组织，更不能直接认定其为平台型社会组织，其实质是具有枢纽型功能、平台型功能的党的群团组织，这和社会组织还是有显著差别的。

一、平台型社会工作组织特性

平台型社会工作组织有三个特性：第一，龙头示范特性；第二，桥梁纽带特性；第三，技术支持特性。如果组织不具备平台型组织形态和组织能力，一般不会显现这三种特性，不能称其为平台型社会工作组织。如果组织没有支持能力、人才供给能力、资源链接能力、生态建设能力，也就不具备运营社会工作平台的可能性。

平台型社会工作组织作为运营组织需要起到示范引领作用，在技术上具备教练能力，在结构上具备搭建共享平台的能力；需要起到桥梁纽带作用，在管理上具备组织能力，具备从仿生系统、现实生态链与生态环境、线上数据生态等方面系统化推进生态建设的能力；需要起到技术支持作用，具备制定行业标准，规范行业发展，实现行业自律的能力。这些是决定平台运营成败的关键。

二、平台型社会工作组织管理

社会服务机构转化为平台型社会工作组织时，除了组织架构、组织形态、组织发展会发生显著的变化，在组织管理层面也会呈现出组织关系多样化、管理能力数字化、绩效管理颗粒化、管理结构柔性化与管理文化利他化的特征。这是《平台化管理：数字时代企业转型升维之道》（以下简称《平台化管理》）一书所提及的“五化模型”①。平台化管理融入了心灵世界升维和物理世界微粒化的核心思想，不仅为领导者提供了全新的思考，还指出了传统组织在发展过程中要实现平台化转型和升级，就必须在关系、能力、绩效、结构、文化的

① 忻榕，陈威如，侯正宇 . 平台化管理：数字时代企业转型升维之道 [M]. 北京：机械工业出版社，2020：61–64.

等方面实现整体转型。这五个方面需要互相配合、互相作用，绩效和能力是骨架，关系和文化是血肉，数字技术是基础，最终实现关系多样化、能力数字化、绩效颗粒化、结构柔性化与文化利他化。

平台化管理的“五化模型”是在系统原理和组织生态学理论的基础上建立起来的，是共同进化的模型。共同进化是生态系统理论的核心内容之一，组织的竞争优势来源于在成功的组织生态系统中取得领导地位，并引导整个生态系统共同进化。

（一）平台型组织的关系多样化[①]

1. 人际关系与组织关系的重合性

组织的发展终归是以人的创新动力为主要驱动力的，因此人的边界就是组织的边界。平台化管理将组织塑造成一个无边界的组织，打造可以无限拓展的模式，最大化释放个体的创新活力，并将无边界组织逐步升维为更高层次的平台型组织。平台型组织战略的选择、组织的变革和文化的升级也必然会影响组织内部的人际关系、组织与外部用户的关系、组织与组织间的关系。

2. 上下级关系与组织关系的变动性

平台化组织的“信任存量”是组织竞争力的重要标准，所有的关系都以此为基础。数字时代，人与人之间的本质关系究竟是怎样的？传统的雇佣关系与上下级关系依然存在，却发生了本质变化，雇佣关系中掺杂了平等与合作，上下级关系中加入了赋能和相互成就。也许今天的项目你是领导，明天的项目就变成我是领导。

3. 员工关系与组织关系的模糊性

平台化组织产生了新的关系，例如云集称为“产销者”的“超级用户”，员工和用户的身份模糊，用户就是员工，员工也是用户，但本质还是合作关系。平台化组织重视个体的独立性，人与人的关系也更为直接与平等。当人与人在职场关系变得灵活多变时，平台化组织的组织关系是较为扁平和协作的，组织关系也变得更为模糊。

① 忻榕，陈威如，侯正宇 . 平台化管理：数字时代企业转型升维之道 [M]. 北京：机械工业出版社，2020：62.

（二）平台型组织的能力数字化[①]

平台化组织需要搭建数字化业务运营管理系统，沉淀运营数据并时时分析资产绩效，建立服务和产品集市，进行应用和应用之间的连接、平台和平台之间的嵌套，对组织进行微粒化分解。数字智能系统帮助平台化组织构建战略性资产，外包非战略性资产，利用其他平台调取社会资源为组织所用，利用数字技术以低成本提供快捷服务，高效率创造价值，持续不断降低交易和摩擦成本，以低成本试错，不断新陈代谢与自我优化。

管理者不是通常意义上的“强势领导者”，而是可以成就个体，实现自我价值的赋能型管理者，可以帮助个体发展的教练型管理者。要适应数字时代多变的用户需求，组织需要向柔性化组织与云组织转变。领导力与组织文化相辅相成，渗透到组织的各个角落，帮助管理层集体升维，对组织和个体都产生深远影响。与平台管理相匹配的领导要适应的并非传统的纵向管理关系，而是以平行关系（平等）为主、纵向关系（权威）为辅的管理关系。

（三）平台型组织的绩效颗粒化[②]

与传统绩效量化管理不同的是，平台化绩效管理是以数字技术为核心，对组织中的各个元素进行全方位的颗粒化解析和评价。平台化绩效利用数字技术引用大量非经营性数据，针对不同工作性质和不同运营主体，沉淀不同的数据进行考核。工作维度和评价主体的颗粒度无限细分到每分每秒，精确度和通透度极大升高。平台化绩效全面构建的数据模型对绩效变量进行系统性分析，研究绩效考核指标和绩效表现之间的因果关系，不断优化考核指标，实时反馈考核结果，从过程中及时介入，优化被考核者行为，最终改善组织结果。

---

① 忻榕，陈威如，侯正宇 . 平台化管理：数字时代企业转型升维之道 [M]. 北京：机械工业出版社，2020：62–63.

② 忻榕，陈威如，侯正宇 . 平台化管理：数字时代企业转型升维之道 [M]. 北京：机械工业出版社，2020：63.

（四）平台型组织的结构柔性化[①]

平台型组织的组织变革将原本科层化、封闭的组织体系向扁平化、网络化、开放的无边界平台系统转变。平台内的员工、合作各方都成为平台上的资源整合单元。平台上的各个单元可以随时随地自由选择和组合平台上的合作伙伴，调用平台资源。平台以其庞大的基础设施和资源、灵活多元的分解和聚合方式进行组合，有效地激发各分子（单元）和原子（个体）的积极性，迅速扩大平台规模和影响力。平台化组织基于自身业务构建相应的平台基础设施，建立广泛连接，调用社会资源和原本业务结合成全新的组合商业模式，以“产融互动、产网互动、产财互动”为逻辑，进行业务延展。

（五）平台型组织的文化利他化[②]

平台化组织文化之魂是利他的，赋予个体强烈的使命感。平台化组织的文化是升维的，需要领导层认知升维，管理层集体升维。升维的目的是满足个体的精神需求，调动个体的精神力量和信念，使他们产生归属感、自尊感和成就感，从而充分发挥巨大潜力。组织文化的成败关键在于个体对组织文化的理解和认同。升维的理念和行为准则可以使组织产生强烈的使命感和持久的驱动力。利他的组织文化就是自我激励的原动力，组织共同的价值观、信念及行为准则是一种强大的精神支柱，能使人产生认同感和安全感，起到相互激励的作用。

《平台化管理：数字时代企业转型升维之道》一书提及的上述“五化模型”提示了平台型社会工作组织管理最重要的功能是赋能化管理，而不再是简单化管理。社会服务机构以科层制为特征、以管理为核心职能的组织面临着前所未有的挑战，社工组织的职能不再是分派任务和监工，而是让员工的使命和客户的问题有更好的匹配，这往往要求更强的自主性、更高的流动性和更灵活的组织管理。工业时代以“企业”为主体，新的时代将是一个以“小微组织和个人”为基本主体的时代。这将成为新时代里全新的组织景观。

---

① 忻榕，陈威如，侯正宇. 平台化管理：数字时代企业转型升维之道 [M]. 北京：机械工业出版社，2020：64.

② 忻榕，陈威如，侯正宇. 平台化管理：数字时代企业转型升维之道 [M]. 北京：机械工业出版社，2020：64–65.

第三节　社会工作平台的管理功能

一、社会工作平台的支持性功能

第一种功能是培育孵化功能。要培育一批能够解决社会问题，创造社会价值，具有服务社会功能的组织，这就要求平台型社会工作组织不仅仅要在运营平台过程当中或者在管理平台过程中懂技术，善操作，还能够提供资源、渠道、品牌塑造，提供技术研发等服务。

第二种功能是联系服务功能。平台型社会工作组织要更多联系同类型上下游的组织或者跨界的组织以及其他不同类型的社会组织，来共同打造平台。孵化器、公益创投平台等社会工作平台的成功与否是以组织的成活率以及解决多少社会问题为标志的。如果没有更多组织和机构提供资金资源支持、人才支持、技术服务，如果没有更多的组织提供下沉社区的对接服务，社会工作平台就很难把组织培育出来。运营平台的过程中，平台型社会工作组织需要和其他组织进行合作以及跨界合作，实现广泛的联系与动员。

第三种功能是技术支持功能。平台型社会工作组织可以动员其他组织提供技术与资源，但是，平台型社会工作组织本身也应具有相关技术与资源，不能全部依赖其他组织。组织需要具备技术研发、管理、咨询、研究、监督、评估、技术转移、产品设计、品牌塑造的能力，实现对于平台一体化的技术支持。

第四种功能是政策倡导功能。平台型社会工作组织在运行平台的过程中，应该做到下情上达，积极反映问题，加强与政府、企业、社区、高校、媒体之间的沟通联络和业务合作，推动行业的整体进步。平台型社会工作组织通过孵化器、创投平台等平台的运作，发现当下公益领域的关键问题以及公益组织自身发展等方面的问题，积极研究应对举措，倡导改进社会政策。要达到这样的目标，平台型社会工作组织需要提升知识生产、信息传播、政策倡导等方面的综合能力。

第五种功能是人才聚集功能。平台型社会工作组织在运行平台的时候，应该做到人才的聚集，为社会工作平台提供支持性服务。其中一线服务人才不应仅仅来自高校社工专业，还应来自其他的专业，来自社会领域中的能人、热心人，把这些人才聚集起来，更好地为公益服务。平台还应聚集专家型人才，建立公益专家库，包括研发、研究、督导、评估等各方面的专家人才。

第六种功能是合作平台建设功能。平台型社会工作组织需要积极地在平台内部建设各种合作平台，经常举办沙龙、论坛等交流活动。看似仪式化的沙龙或仪式化的论坛，对平台的运作是非常有必要的。把不同区域的人与组织聚在一起，通过仪式化的活动感知到平台对于社会组织的服务，建立组织对于平台的归属感与认同感。同时，通过沙龙论坛交流，提供先进典型，促进组织内生动力的成长。提供合作机会与资源，促进组织的创新发展。

第七种功能是行业自治与自律功能。在运行平台过程中，平台型社会工作组织联合组织实现行业自治、自律的功能。当下公益领域很多公益组织出现了较多问题，主要原因在于在面对资金紧缺等问题时，不能坚守公益价值观，导致公益目标发生偏移，引发很多违规违纪的行为。平台型社会工作组织非常有必要联合组织共同制定行业内部的自治公约，社会组织自我约束行为，避免出现不合理、不合法甚至可能触犯法律的行为。

第八种功能是行政管理服务功能。行政管理服务是指在运行平台过程中，空间、后勤、行政等方面的管理。行政管理方面的要求，使得平台型社会工作组织面临较大的挑战。平台型组织一般来自公益领域，在运作平台物业，管理平台场地方面缺乏一定的经验，难以实现有效管理。部分组织采取转包或者外包的形式，交给专业物业公司进行管理，规避了管理风险。

第九种是制度救济的功能。社会组织在发展过程中，经常会碰到政策性阻碍、公众认知不清、与社区关系不良等各种问题，平台型社会工作组织应该去实现制度救济的功能。通过举办对话会，举办相关的知识传播活动，积极沟通，消除质疑。举办社会政策与创新发展宣讲会，积极促进社会组织中的两会代表通过提案、议案，消除政策性障碍，促进政策变革。组织社会调查，积极宣传公益，去澄清相关方面的错误认知，消除误解。积极开拓新的服务领域，倡导政策，参与制度改革，实现公益领域的常态制度救济。

二、社会工作平台的结构性功能

当审视社会工作平台的视角从审视自身向审视结构转变时，平台的结构性功能就会显现出来。社会工作平台嵌入到经济社会发展整体结构中时，就会成为一种非常有效的促进发展的工具。平台可以解决社会组织成长问题、社会创新中要素聚集散乱问题、社会发展创新动力不强问题。孵化园一类的平台通过园区、社区、街区一体化推进，在宏观文化意识、中观制度政策、微观行动方面进行多层次全方位的联动，使得公益平台深深地嵌入经济社会的发展当中，有效推进社会经济的发展。

以美国的企业孵化器平台为例，平台在运作过程当中形成了非常出名的创新园区——斯坦福大学科技孵化器，最终形成了社区型的创新园区——硅谷，成为美国经济发展的发动机之一。中外区域经济社会发展中都显现出很明显的特征——科技孵化器与孵化园越多的地方，人才积聚效应越明显，创新动力越强。这种发展模式可以看作是一种龙头机构通过建立平台，建立价值链、产业链的方式，来推进经济社会整体化发展的模式。

社会工作平台在推进社会发展时，一样可以成为促进社会发展的动力源泉之一。在社会创新领域聚集社会创新人才、项目、组织等要素，通过孵化器、孵化园、公益创投等平台，将大量的技术、资源汇集到平台中，平台引导人才、项目、技术、组织要素去破解社会发展中的重大难题，实现聚集要素、聚焦问题、聚变行动的发展模式。聚集、聚焦、聚变的同时也会将社会组织成长所需要的环境加以优化，人才、技术、政策等方面一样形成了包括价值链与产业链的行动链条，一样形成了平台龙头引领，价值链、产业链联动推进社会发展的模式，为当代社会问题的解决提供了新的动力与动能。有数据表明，公益孵化园、公益创投运作比较好的区域，社会问题解决的效果较好、效率较高。

因此，在这个意义上就不能简单地从孵化、创投、培训等角度来理解社会工作平台，应以促进经济社会发展的结构视角来理解平台。对于孵化器平台来说，不能仅从社会组织的出壳率、组织的成活率去评价孵化器绩效，而应从孵化器聚集了多少资源、采取了什么行动、解决了多少问题等方面进行评价。对于公益创投平台，不能仅看到公益创投做了多少项目、服务了多少人群，一样要看解决了多少问题。当把社会工作平台放到经济社会发展中去审视时，就会发现平台通过龙头引领、聚集要素、聚焦问题，打造行动链条，推进社会发展，形成了较为特殊的结构性功能。

三、社会工作平台的生态性功能

（一）社会工作平台的共享机制

在解决社会问题过程中，有赖于对社会创新资源的开发与开发过程中具体的组织。因此，必须通过有效的手段利用好资源，实现社会价值的最大化，共享是其中重要的手段之一。社会工作平台将各类资源引入平台，同社会组织和其他资源使用者共享相关资源，在资源利用的基础上，补齐基础设施短板，促进组织之间的相互协作。传统的社会组织习惯于闭门造车与自我满足，相关资源使用效率较为低下。社会工作平台内部资源共享机制建立后，平台内组织相互地协作使得资源能够有效地利用。故在制度层面、资金层面和人才层面，社会工作平台应统一进行规划，破除影响资源共享的不利因素，推进形成平台共享机制。共享机制使得政府的信息资源、政策资源，组织的实践资源、市场资源，区域内高校、科研院所的社工教育资源、人才资源和研发资源等多方面资源共享共用，从而使平台降低管理成本，增进效益的模式能够得以实现。

平台内组织之间的资源交流度、资源共建度、资源共享度大幅度地提升，将有限的资源重新组合分配，不仅仅是一种分配机制，更是在供应链条上重新构建了平台资源体系，在硬件资源和软件管理方面重塑了基础设施。

处于不同时期的社会组织对于资源与服务的需求是不同的。在社会组织创业初期，需要提供信息资源、资金及其他资助型资源，需要提供信息咨询服务与可行性研究服务。平台需要利用共享机制，倡导平台内组织通过共享机制对组织进行项目辅助设计与组织规范化帮扶，为社会组织的成长奠定项目、产品、组织基础。

在社会组织发展中期，平台需要利用共享机制，在公益项目申请、实施、运行方面提供关键技术支持，建立平台内部的技术分享机制，提供直接的产品设计服务和技术成果，以更好地满足组织发展过程中对于技术的需求；这一阶段除了技术服务之外，还应倡导平台组织相互共享资源，对接各种培训平台，为组织员工提供培训。

在组织项目品牌建设阶段，平台共享机制可以为组织提供品牌建设服务。在组织扩大规模阶段，平台可以为组织提供技术转移服务，以及落地其他区域法人的对接服务等，并使得组织的项目从服务向产品转化，提升社会组织创新成果的转化率。

（二）社会工作平台的联动机制

社会工作平台通过对组织的孵化与创投等手段建立平台的联动机制。平台孵化的养老型社会组织，会吸纳大量四五十岁的工作人员，这批俗称“40、50”的工作人员[①]很难通过再学习的方式，在新技术岗位实现再就业。他们或是下岗的职工，或是进城务工人员，或是就业能力偏弱的人员，就业问题成为触发其社会问题的关键所在。养老组织吸纳了大量的“40、50”人员作为一线工作者，实现对于就业的拉动，避免了新的贫困人员、贫困家庭的产生。特别是在新技术革命之后，被新技术淘汰下来的大量无法在高端就业的劳动者，都可以吸纳到社会组织里工作，这是平台通过孵化培育社会组织，联动解决社会问题，实现兜底民生的机制。

相同的例子同样存在于社工机构发展领域，平台孵化的社工机构对于社工专业学生的吸纳对整个社工专业、社工行业起了拉动作用。在当下很多政府、企事业单位较少吸纳社工专业学生的情况下，社工机构与社会组织成为社工专业学生就业较为主要的渠道。

（三）社会工作平台的生态效应

社会工作平台能够促进形成有效的生态效应。平台的人才、组织、项目、创新要素通过平台聚集、聚焦、聚变，为破解一些重大难题提供了综合型的解决方案。传统上解决社会问题的思路是问题意识，呈现头痛医头、脚痛医脚的线性特征，很难针对问题的表象、病症、原因、根源，进行多层次地介入，将问题由表及里地彻底解决。社会工作平台因为有显著的聚集效应，为同一问题的解决提供了不同方向的灵感、技术、资源，形成了分析问题的多维视角和多元方法，从多个角度、多个技术介入问题的表象、病症、原因、根源，能够有效地解决社会问题。

这样的案例在解决社区物业问题的时候，表现得更加明显。单纯的社工机构很难去解决物业问题，但是，在党组织的统一领导下，社区内的社工机构、

① “40、50”工作人员是指处于劳动年龄段中女40岁以上，男50岁以上，本人就业意愿强烈、迫切，但因自身就业条件较差，技能单一等原因，难以在劳动力市场竞争就业的劳动者。

物业机构以及社区、社会组织和业委会、物业公司以合作的方式来解决物业问题要有效得多。以往大部分物业问题都会陷入两难境地——你不交钱我不服务，你不服务我就不交钱。社会工作平台通过孵化出社区议事平台，在协商的基础上依法去解决物业问题。解决重大难题，需要多元要素共同积聚，多元组织共同参与，多种方法共同使用，多种角度共同介入，不仅在微观上形成解决具体问题的方案，更在宏观生态上构建了一体化的介入机制与一体化的生态链条。

社会工作平台的生态效应在于创设社会组织最优的成长环境，在创设过程中又形成了新的要素链接方式，构建了不同的生态链与生态环境，对社会创新领域新服务模式的产生、新社会组织的产生起了非常重大的推动作用。

鉴于当前社会工作平台最具平台化特征的是孵化器，因此，在下述研究中，均会以孵化器一类平台作为平台的主要类型进行论证。

第二章　社会工作平台管理理论

第一节　源自经济学的平台理论

一、规模经济理论

规模经济理论是指在特定时期内，企业产品绝对量增加时，其单位成本下降，即扩大经营规模可以降低平均单位成本，从而提高利润水平。社会工作平台具有一定的规模效应，把大量的公益要素聚集在一起，并按上下游链条进行优化组合，依照仿生原理，剔除阻碍要素，构建组织和企业的最优成长环境。规模经济理论的基本原则如下：

（一）单一组织交易成本大幅度下降

单一组织发展一定规模以后，它的内部交易成本会大幅度下降，因为内部市场的制度化，要素实现共享使用会使交易成本大幅度下降，而外部市场要素通过规模化效应不断地转变成为内部生产要素，实现外部市场内部化，同样降低了交易费用。

（二）平台内部交易费用大幅度下降

平台实现了要素向生产链的集中，技术交流与生产链条会形成一种所谓的经济搭车现象。任何一家社会组织都不会是全能型的社会组织，或是擅长在研发领域或是擅长在服务领域。如果一家社会组织只是研发类型的机构，研发的产品设计出来之后，平台会提供融资、开模、生产、销售等配套链条。组织不需要在内部新设这些部门，平台就可以提供相关配套服务，极大降低了社会组织的生产、谈判和交易的成本。

（三）平台内部公用成本大幅度下降

不同领域、不同行业、不同层次的企业、组织聚集在一起，形成规模效应时，公共设施、公共物品的研发与使用成本会大幅度下降，成本由平台内公共设施与公共物品使用频率来决定。使用频率越高，成本均摊就会越多，单一组织使用公共物品的成本就会越低。

平台提供财务、商务、法务等服务，社会组织就不需要再去设立这些部门。按照规模经济理论，平台的建立会使得：一是内部的组织要做成规模化的组织，必然在平台中寻求同一领域的规模化效应；二是通过打通上下游链条，来形成技术传递、资源共享、设施共用的格局；三是建设共用平台，分摊开发与使用成本。

二、分工理论

亚当·斯密第一次提出了劳动分工的观点，并系统全面地阐述了劳动分工对提高劳动生产率和增加国民财富的巨大作用。劳动分工理论影响了专业分工、管理分工、社会分工理论的产生。亚当·斯密的分工理论的核心是组织运营过程中各个经济单位根据自身的优势各司其职。

（一）运营者与组织之间的分工

平台的运营方扮演的是服务提供者、生态链中介者、平台运营者的角色。分工理论倡导的是将服务的事交给最擅长的人去做，而不是交给不擅长的人去做。早期创业者不擅长的领域较多，会在平台中寻求创业事务的分工，虽然会产生一定的交易费用，但是如果分工产生的交易费用小于组织自身行动的费用，也就是说外包出去的费用小于自己做事的费用，那么平台运营者与组织之间的分工即可形成。

（二）平台的分工价值

一是成本价值。基于成本的价值考量，入驻组织委托平台来做事，比自己做事的费用要低得多。

二是效用价值。专业的人做专业的事，平台提供的注册、咨询、管理、一对一技术服务，比组织内部做得更加专业。组织如果自己做这些事，需要学习新的知识，建设新的管理体系，在技术上进行大幅度的改进，且效用不大。

三是风险价值。节约时间的背后蕴含的潜台词是少走弯路，对于创业者及初创组织来说，少走弯路是风险价值。风险会使他刚刚兴起的创业激情和创业企业很快跌到谷底。没有经验的创业者，面对创业时很容易被一个小问题击垮。平台给予的资金、人才、项目、信息等方面的支持，不仅仅是技术支持，更是一种经验的传递，是避免走弯路的经验传递，避免走向风险，避免走向溃败。

（三）平台的公益分工属性

中国大陆地区绝大多数的公益孵化器与公益创投都是政府或者企业支持的公益平台，组织入驻平台不收取任何费用。平台内部虽然有分工，但是几乎没有产生内部的交易费用。这种免费的逻辑是基于政府希望能够让入孵组织与创业组织快速地成长，解决经济社会发展过程中面临的各种难题。社会工作平台本身具有极强的公益属性，入驻平台的社会组织享受的服务和实惠也比科技园中的科技企业与一般性企业更多。基于公益目标，政府承担了社会兜底的公益责任，将本应由社会组织承担的成本承担了。在分工中，通过承担成本、给予优惠政策、费用减免对入孵组织产生了很强的支持作用，形成了政府承担公益成本、社会组织进行公益服务的社会分工。

三、生命周期理论

（一）企业与社会组织不同的生命周期

生命周期理论根据组织从创设到死亡的多个阶段，划分了组织成长的四个生命周期。这四个周期分别是初创期、成长期、成熟期和衰退期。

生命周期理论揭示组织在初创期时，如果没有外部支持或者技术援助，能够存活 5 年的组织不会超过 10%。数据表明，孵化器的孵化支持和创投的资金援助，会使初创期组织的成活率大幅提升，5 年的存活率可以达到 80% 左右。

公益孵化器和企业孵化器孵化的组织与企业的生命周期是不尽相同的。企业在初创期，销售收入比较低，产品竞争力比较差，营销能力比较弱，导致了这一时期企业的存活率比较低。社会组织则恰恰相反，往往在初创期发展得很好。社会组织是基于解决社会问题的情怀与社会价值建立起来的，一般在初创期不考虑成本问题。很多公益性组织都是因为要解决一个社会问题，围绕问题把组织建立起来，创业之初的创业成本就会分摊到联合创始人——一批有相同志向、相同情怀的人身上，运营成本则通过众筹众包、AA 制付款、社会劝募等方式加以筹集。

在初创期，社会组织的创业方式与运行方式决定了其生命力是非常顽强的，社会组织基于社会问题产生，和企业基于经济价值创业有根本上的不同，与企业所面临的问题也有显著的不同。

（二）平台生命周期的设计与创新

社会工作平台服务应该基于组织的生命周期来设计与创新。平台以往设计服务时，都忽视了一个问题，社会组织创立初期需求较多是自我满足的。但是进入到发展期后，社会组织规模逐步扩大，过去基于情怀、价值、精神打造的管理模式，就难以应对规模扩大以后所带来的一系列问题。如何在管理、技术、文化等方面提升专业度，就成为组织发展的核心问题。平台在运营过程中，应该根据不同生命周期的需要，有效地区别不同类型组织、不同生命周期的不同需要。从这个角度上来看，平台单一地给予资金支持和服务并不是社会组织在初创期的主要需要。

不同类型的社会组织有不同的生命周期。处于不同周期的社会组织的需求是不同的。基于组织的不同周期应该匹配不同的孵化器、创投、培训服务。以孵化器为例，在同一孵化园内应建设不同的孵化器，形成不同周期的孵化器服务，初创期配置单一孵化器，发展期配置培育加速器，成熟期配置合作交易平台，这就形成了“一园多器”、组织孵化器“出壳不出园”的平台运作模式。从孵化器到加速器再到交易平台，不同类型的组织在不同发展阶段的需要都能够在园内得到满足。

社会组织进入发展期后，依然需要培育支持与加速服务，需要生态链条的编织，这和企业发展是不同的。企业在孵化器出壳后，可以通过市场化提升自己的生存能力。而对于社会组织来说，孵化器出壳后，并没有成熟市场来支持社会组织的发展。这一特征几乎贯穿社会组织生命周期的每个阶段。因此，社会工作平台也是全周期陪伴社会组织的成长。平台的生命周期几乎循环往复、生生不息的。在很多地方，都会看到社会组织孵化完成以后出现了出壳死的现象。

一方面是因为没有深刻地把握公益孵化器和科技孵化器、企业孵化器的不同特点；另一方面是忽视了不同组织有不同的生命周期，需要用不同类型的平台服务帮助其成长。

因此，按照生命周期理论，创新型的社会工作平台应该分为不同类型，以孵化器为代表的平台是一园多器、多器并存，多器递进的平台。

四、比较优势理论

比较优势理论和分工理论有一定的联系。分工理论是基于市场分工的视角强调各个主体各自从事自己领域的工作，比较优势理论是基于优势视角强调各个主体从事擅长领域的工作。社会工作平台中公益孵化器和入孵组织之间是建立在价值基础上、责任基础上的服务关系，以分工理论看来，没有交换市场关系为基础的关系都不是稳定的关系，而比较优势理论看来，只有每个主体都发挥了作用，关系才是稳定的。

（一）平台资源的“负稀缺性”

社会工作平台中入孵组织都觉得孵化器提供这些服务是理所当然的，怎么还会有交换呢？怎么还会有交易费用呢？运营孵化器的平台组织经常会抱怨，觉得入孵组织将平台当成了保姆，事无巨细都希望平台来提供服务。依照分工理论观点，没有市场基础的交换关系是不稳固的，社会工作平台与入孵组织之间的关系早期往往是激情澎湃的，但是难以长久。社会工作平台不收取费用意味着入孵组织没有承担责任，只有一方的付出而没有另一方的付出，没有内部的相互服务就形不成内部交易关系，双方的关系和边界不清楚，有分工无交易，有分工无边界。没有平台与组织双方责任和义务的设定，平台承担无限责任，更多强调入孵的组织所享受到了权利有哪些，没有强调入孵组织所尽的义务有哪些，这是当下公益孵化器领域一个比较大的问题。

比较优势理论则从另外一个视角揭示了问题所在——不收费的社会工作平台没有发挥入孵组织的比较优势，这导致了平台和入孵组织之间经常出现冲突。平台不会从优势视角发挥入孵组织资源、人力、服务优势，形成平台的回馈机制，同样影响了组织的期待与判断，无法实现平台边际效用增强的效应，也是问题的关键所在。

当一家组织入驻到平台中，享受到免费的办公设备与办公空间，免费的咨询与信息传递服务，免费的财务、商务、法务服务，全是免费的服务意味着这家组织对于孵化器的贡献几乎为零。如果一直是免费的平台，不强调任何责任，组织可能极不珍惜平台提供的这些服务，比较优势理论揭示的道理在于：珍贵的资源之所以珍贵，绝不仅仅是因为资源的稀缺性，或者获取途径的稀缺性，而在于资源的“负稀缺性”。当资源呈现出“负稀缺性”特点时，资源比较优势就会丧失，效用会不断地降低。也就是说，如果没有建立组织对于平台的回报机制，就很难将免费资源的效用最大化。

乐仁乐助社会创新机构在做公益孵化器的时候，提出第四代孵化器是一种“免费不无偿”的孵化器，依然是免费的孵化器，但是入驻的组织对孵化器、孵化园应该有合理的回报，平台应该比较清晰地界定入孵组织的责任。平台组织与入孵组织界定清晰的责任与边界，在此基础上才能更好地发挥双方的比较优势，形成平台内部的平衡架构。否则，一方面入孵组织对平台提供的资源和服务不屑一顾，另一方面又在抱怨自己没有资金，没有享受到平台提供的资源与服务。

传统社会工作平台在组织成长结构上有所偏颇，重点不够突出，双方的责任义务没有界定，架构不够均衡。平台应在运营过程中与入孵组织反复磨合，确定双方的权利、义务。

（二）平台资源的“媒介泛化”

从比较优势理论视角观察社会工作平台，可以看出平台与组织之间缺乏有效沟通与交换媒介。市场的交换媒介是货币，买卖双方可以用货币交易的方式把权利、义务定量化。但是平台与社会组织之间的权利、义务较难定量化，交换媒介较为模糊，可以是货币形态，也可以是权利等多种形态。货币充当媒介物虽然可以很好地解决定量化问题，但是社会组织一般较为习惯享受免费的服务，不接受用金钱方式表达责任。如果不能用交费或者收取租金方式来表达责任，就应该考虑以服务换服务的方式实现入驻组织的责任。

服务换服务的方式比较难以衡量双方权利、义务的对等价值。比如，平台组织提供了五节课程给入孵组织，入孵组织可以提供什么样的同等价值课程给其他的组织或者给平台呢？或者说用同等价值的服务进行回报呢？谁来衡量双方的价值是等值的呢？缺乏有效的评价机制将是困扰服务换服务模式的长期问题。如果能够形成服务换服务的模式，平台会打造出服务性共同体或者技术共同体、项目共同体。平台在设定这种运营方式时，需要做好等值评价准备，强调入孵组织的义务，采用双方要约的方式，强调入孵组织有责任、有义务提供对等性提供服务给平台。

更进一步的工作则在于定量化地评价社会组织提供给平台的服务。每个组织都觉得自己提供的服务具有高价值，价值需要进行合理的估值，这些估值既没有市场认同也不可能货币媒介化，更不可能用一般等价符号的方式把它等价计算出来，平台与组织的交易成本与交易风险都较大。估值更多的可能性是协商谈判后的价值认同，是在入孵之前同入孵组织沟通好服务的形式、数量、质量。

C 善 + 孵化器、昆山孵化器都尝试了第四代的“免费不无偿”的共享孵化平台形态，运行的过程当中确实碰到了上述对等交换的问题和价值如何衡量的问题。前期更多是用一个课程的时间换另外一个课程的时间，一种服务换另外一种服务，比较清晰有效。但是一个组织提供的服务是不是其他组织或者平台所需要的服务，这个过程当中又缺乏一个市场平衡的作用。后期根据反馈，做了服务权重的系数设定，即通过组织相互评价设定得分系数，平衡相关服务交换的问题。

比较优势理论观察到社会工作平台的运营者或组织之间的权利、义务如何对等实现的问题，当平台与组织之间的权利、义务不对等时，资源的配给未必有效，甚至有可能是浪费的。

五、产业集群理论

（一）产业集群理论

产业集群理论更多地强调如何集合成群，分工理论更多地强调分工问题，比较优势理论更多地强调比较的优势转化的问题。所以，产业集群理论强调通过集中、集聚的方式，积聚各种生产要素与配套链条，进行产业链上下游链条的组合，组织与组织之间强强联合的集群形成区域性行业整体的优势。

产业集群的第一个目的是在产业链条上形成上下游彼此配套、相互合作的优势产业集群。在此基础上形成产业链的成本优势、创新优势、生产优势、营销优势。产业集群的第二目的是集中优势力量对一个重大问题或者某一领域问题进行攻关，强调通过人才聚集，项目聚集、组织聚集去解决重大问题，去打造品牌产业。

（二）平台产业集群

在社会工作平台里聚合上下游多家社会组织，能够形成合作性较强、功能性互补的公益产业集群。譬如：公益养老产业集群。很难有一家组织能够全面满足从老有所养、老有所住、老有所医到老有所为、老有所乐各个层次的养老需求，也很难有一家组织能从资源、工具、渠道等方面提供全方位的服务，做到一体化解决所有的养老问题。如果以产业集群的思路做社会工作平台管理，把5~8家服务型养老组织，2~3家研究型社会组织，1~2家养老型基金集中在一个平台之中，利用政府相关优惠政策进行产业集群，通过建设统一的下沉渠道进入基层养老领域，各司其职、彼此合作，共同来打造一个新的区域性养老型公益产业集群。这个产业集群和企业相比的优势在于通过社会工作平台整合，放大社会组织精准化、个性化服务的优势，避免资本的劣势、管理的劣势，人才在集群中能够集约使用、技术在集群中可以连接成集成技术，设施设备上可以实现共享使用，提升效率，产业集群从人才、技术、设备、渠道等各方面实现了优势配给。其实不仅仅是孵化平台，这一理论还在当下的中国公益创投领域广泛地使用。在某项全国公益创投计划中，曾经集中了全国1400多家社会组织，共同针对精准扶贫过程当中的教育扶贫和环境扶贫两个焦点开展工作，强调集团化、集群化的精准扶贫方式，取得了较好的效果。集团化作战方式其实就是一种扩大化的产业集群做法——“大锤夯小钉”的做法，解决问题的速度、效率和成功的可能性都大幅度提升。

平台在运用产业集群理论时应注意三个问题：一是集群不仅仅是集中的问题，集群之间还有上下游协作关系，建立良好的契约关系，明确彼此的契约边界。在集群过程中，双方或多方的利益共享、价值共享要有共识，共识要用契约关系加以确认。所以，平台运用产业集群理论时，应特别强调清晰的边界+契约的关系，彼此的分工+比较优势，促使多方共同朝向议题构建上下游链条共识。二是产业集群优势要和社会领域的难题相结合，和重大节点工作结合。企业平台有很明确的市场导向，通过市场分配资源，利用市场工具把产业集群很好地建立起来。对于社会组织而言，不是通过市场分配资源形成合作，而是建立在共同的价值目标、共同的兴趣领域、共同的行动方向基础上，面向社会领域的重大难题，建立公益产业集群，价值观是集群的基础性条件。三是形成社会组织集群的方法，是用市场化的方法，还是用社会化的方法，抑或用行政化的方法？社会组织会选择社会化的方法，这种社会化的方法往往是通过分享、共享和志愿服务来实现的，如果用产业集群理论来解释，实际上并不是一个市场意义上的产业集群，而是一个价值的集群或价值共同体。建立在价值共同体基础上的方法是分享、共享的方法。当然，价值杠杆的使用与物质激励手段可以综合使用，适当安排物质激励的方法也是形成产业集群很重要手段。

六、核心资源理论

核心资源理论指的是为达成组织使命、改进其效率和效能、调试组织环境，改变组织角色及行为的一系列的关联工具资源与物质资源。核心指的是独特且关乎组织生存的资源。

（一）三种能力

平台要生存下去，组织要生存下去，应该具备哪些能力和资源？从资源的属性来看，核心资源理论把核心能力一般分为三种基本能力，分别是核心能力，组织能力和管理能力。

核心能力指的是优势竞争能力。如果高校出身的老师兴办社工机构作为平台型社会组织来运营社会工作平台，核心能力是知识、技术、传播以及研发能力。如果基金会来运营平台，核心能力是资源的筹集和筹划。如果志愿者组织、义工联组织运营社会工作平台，核心能力是大规模的社会动员能力，需要具备资源、人力、交通工具等方面的社会动员能力。

组织能力是指构建组织系统，调用资源去改善组织内部效率，实现组织目标的能力。搭建组织架构，建立创新机制，建立符合组织战略目标与运营目标，构建人力资源、财务、行政体系，不断完善制度，提升组织内部学习水平与信息化水平，不断地提升平台的组织能力。平台管理是对多种资源、多种人才、多个项目、多个渠道综合性的管理，它不仅仅是组织内部的管理，还涉及组织和外部的协同管理，平台组织系统的设定，实际超越了对一般组织的要求，可以看作系统组织化的能力。

平台的管理能力是平台内外部的一体化管理能力，侧重对有形资产和无形资产的管理。平台管理过程中，组织内部的项目管理、团队管理、机构管理、运营管理、财务管理、志愿者管理与组织外部资源管理、沟通管理、链条管理、传播管理、渠道管理、对接平台管理需要在同一个组织系统中进行协同管理。

（二）三种资源

除了三种能力，核心资源理论认为三种资源是至关重要的，分别是：实体资本资源、人力资本资源、组织资本资源。

实体资本资源，它指的是平台管理所使用的硬件、设备和所处的区域基础性物质资料；人力资本资源，指的是组织内部员工的水平、经验、判断力以及人力资源队伍相互之间的团队协作能力和创新能力；组织资本资源，指的是组织架构的完整性，制度的先进性以及政策激励的有效性。

综合以上三种能力与三种资产，可以再认识四种资源的属性：有形的资产，指的是平台的硬件设施；无形的资产，指的是平台知识产权资产，涉及组织系统、管理、技术工具、创新专利等资产；平台核心资产，指的是孵化创投技术、能力与资源构成的平台系统；平台化资产，指的是组织内外部协同管理的技术、能力与资源系统。

第二节　源自管理学的平台理论

一、公共管理相关理论

在公共管理理论中，社会组织更多是以“非营利组织”或者“非政府组织”的面貌存在着，涉及社会工作平台的理论更多的源地市民社会理论、“三个失灵理论”、公共政策理论、志愿服务理论。这些理论一般强调：

志愿性和合作性。社会组织不是建立在血缘和地缘关系上，也不是基于职业的合作关系，而是基于共同的价值或者共同的愿景所结成的社会团体，具有志愿性和合作性。社会组织在国外被称为非营利组织或非政府组织，这和我们国家传统的志愿者组织界定比较接近。和我们国家法律界定的三种社会组织类型——社会服务机构、基金会、社会团体的概念是有一定的差别的。社会服务机构等三种类型组织除了强调志愿性、合作性，更多强调服务的特点。服务也不仅仅强调对于单一群体的公益服务，更多强调公共服务、政社合作服务、社企合作服务，社会组织是具有特殊社会服务属性的组织。

非官方性与开放性。社会组织属于第三域社会领域的服务主体，基于共同的利益偏好、共同的价值取向提供有利于社会的、非官方的服务。同时，这类服务不强调竞争性，相反强调“非竞争性”的合作，所以和一般的企业还是有比较大的区别的。

社会资本特性。当一个社会中的社会组织数量越来越多时，社会资本的体量就会越来越大。社会资本指的是社会主体之间相互合作的网络以及网络中的资源质量。因为社会组织的增多，人们组织化水平与组织能力会增强，相互信任的程度会增高，彼此之间的合作行为会增加，导入的社会资源会增多，合作所产生社会资本就会越来越多。

但是，相关理论是不是和中国的国情契合尚有待观察。从某种意义来讲，市民社会理论和中国的实际情况还是有所差别的，虽然确实存在市民属性，但是从社会形态上来看，旧有的“权不下乡、乡村自治”不能理解为是第三领域的治理体系，它更多是基于一种血缘或者地缘关系所形成的宗法治理，不能看作独立的第三域治理。当下的社会形态也不是独立于政治经济之外的第三域，它更多处于中国的社会结构体系里的政社连续体、经社连续体。处在连续体中的包容交叉的领域中。在现实社会背景下使用这些理论时，还应有所甄别。

二、互联网思维

互联网应该是在21世纪以后影响中国经济、社会发展的最为重要的因素，互联网思维对于经济领域特别是创业领域的很多企业产生了非常重大的影响。但是较为遗憾的是，互联网思维对于社工领域，对公益领域产生的影响要远远小于经济领域。

（一）用户思维

用户思维强调服务应该让所有的被服务对象都有参与感和受尊重感，特别强调用户体验的感受。特别是线下处于消费“长尾”群中的不被重视的群体，在被服务中更应该体验到顾客至上的感觉，这是互联网中常说的“长尾效应”。长尾消费人群推进了长尾经济的发生。

用户思维对平台管理有明显的指引作用，社会工作的平台管理面临的是双重客户、用户体验，一方是入驻的组织、是用户，另一方是平台出资方、是客户，平台是用户、客户双重满足的用户体验模型。

更进一步的思考是，社会工作平台不仅仅关注入驻重点组织和出资方的用户体验，对于处于“长尾之中的”小型社会组织或者一般性的客户也要形成长尾服务，对于延伸的社会组织服务对象形成延伸服务。强调无论上述四方的规模大小，都应不仅仅接受服务，还应实现自我服务。平台应强调在服务与被服务方面形成多方用户体验。

（二）简约化思维

简约化思维实质是指专注于某一问题。平台管理应该用简约化的思维方式思考两类问题：平台应解决社会组织不同发展阶段所面临的不同核心问题，平台培育的社会组织应解决当地经济社会发展的重大核心问题。

当前，社工机构的发展速度较快，但是也出现了机构过杂的服务范围、过多的服务领域、过于混乱的服务方向等问题。平台针对这些问题应进行统一的规划，归拢组织的相关服务。政府购买服务使得社会组织出现了事业单位化的倾向，社会动员能力逐步丧失，平台针对这些问题应加强社会组织筹款、动员能力的培养。社会工作机构在项目化操作过程中，岗位化倾向较为明显，内部创新能力、机制创新建设能力、管理创新能力在项目化过程中受制于服务标的的限制，难以得到提升，平台应根据需要提供管理咨询服务。

政府购买服务要求社会组织人员固定岗位且不能他用，所有的机构都把精力放在服务的供给上，没有精力去做研发工作和创新工作，内部员工上升通道较窄，上升类型较为单一。社会组织内部就会呈现扁平化的组织结构，往往是政府购买服务的社会组织规模越大，组织机构内部结构越扁平。同时，购买服务社会工作岗位技术含量较低，较容易被别的岗位取代，属于较为典型的劳动密集型社会工作服务类型。这种服务类型无法催生社会工作新技术的产生，员工无法通过职业通道或技术通道进行职业提升，员工流失率较高。

这些问题往往是成熟期的社会组织经常碰到的问题，政府购买所催生的规模化社工机构衍生出的扁平效应、流失效应、替代效应以及创新抑制问题，成为多地平台管理面临的核心问题。

实际的答案是：平台提供一对一的管理咨询产品，其产品的有效形态运用简约化思维——用一个方法产生多种结果。在规划领域教会社会组织做强服务纵深，通过一线服务“解决一个问题、培育一批组织、构建一个机制、塑造一个生态”的“五个一”方法论，鼓励组织中的员工积极研发标准、钻研技术、打造课程，运用财务杠杆激励一线的员工在服务的同时提高研发能力、培训能力、督导能力、评估能力、技术能力，在简约化思维的基础上促进机构的纵深发展。

（三）迭代创新思维

迭代创新思维：创新并不是某一个阶段集中大量资源进行大规模的创新，而是从小处着眼的微小创新。

对于社会工作平台，微小创新的动力来自不同组织在日常工作的不同需求。无论是组织还是委托方，无时无刻不在给平台提出新要求，平台可以根据小微要求，分解每天的创新工作，实现迭代性的创新。迭代决定最后成败，而不是说变革决定最后成败。平台运营管理要关注用户的小微要求，如果能够快速地针对小微要求做微小迭代创新，将积小步为大步，推进机构发展。微小创新并不是杂乱无章的创新，在微小创新过程中，应将焦点议题分解多阶段的小创新，进而将小创新整合成系统创新，用迭代的方式推进平台的运作。

（四）流量思维

互联网流量是因关注度的不同所导致互联网的社会影响力。有关注度就会有影响力，有影响力就会有流量，有流量就能转化成收益。流量思维其实就是短线投资的思维，免费方式聚集人气，通过人气聚集资源，通过聚集方式产生流量，最终形成集聚效应。从这个角度上运营社会工作平台，应该秉承的是通过免费的方式，汇集人气，汇集人才，汇集项目，通过打造 IP 服务实现集聚效应，通过园区、社区、街区和生产区域的一体化的合作，不断打造领域热点，实现流量转化。

（五）社会化思维

社会化思维是通过社会化媒体、社会化动员实现发展的模式。渐冻症冰桶行动，是在全球范围内通过社会化网络媒体形成的所谓爆款型的公益营销活动。和传统利用大众媒体进行传播相比，进行社会化动员的方式有着明显不同。全球超过170万人参与渐冻症冰桶筹款行动，重塑了全球的关系链和传播链。社会工作平台不仅仅是现实世界里的平台，更是虚拟网络世界里的平台，哪怕是一个再微小、再偏远、再不被重视的线下平台，都可以打造成为虚拟网络世界里具有超强动员能力的平台，甚至最后形成全球化的传播效果。这就是社会领域的蝴蝶效应——加勒比海的蝴蝶扇动一次翅膀，在东半球就可能产生一场台风。"蝴蝶效应"在社会领域一样可以通过网络化、社会化的传播工具来实现，产生全球化的影响力。

这对于平台管理者来说是很具有想象力的思维，尽管处于没有任何资源的区域，但是仍然可以通过网络化传播、社会化传播，重新塑造关系链，把公益口碑营销做到极致。

社会化思维在另一个层面还表现为合作的社会化。合作意味着众包型的运作方式。无论资源缺乏地区的社会组织怎么集聚资源，可能也很难集聚出解决这个社会问题所需要的全部资源。利用传播链条、关系链条可以构建区域性的协作网络，引入更多的外地资源，克服在地化资源不足的问题，用众筹、众包的方式实现合作的社会化。

这同样给了社会工作平台管理很大的想象力，未来很多在地的平台可以通过社会化协作，去打造两个链条：一个是传播链，形成社会影响力；另外一个是社会化的关系链，构建区域化协作网络。

（六）大数据思维

社会工作平台在大数据应用方面还缺乏有效的应用技术与应用场景，平台还没有对数据库、数据应用场景、数据管理进行有效的开发。平台可能沉淀了大量的数据，但是对数据的挖掘、数据的应用、数据规律的研究还没有进行。平台更是缺乏对于数据链的整体开发，利用数据链进行内部创新几乎是一片空白，应用大数据进行精准化服务、精确化管理的能力还较弱。未来社会工作平台应更好地学习大数据思维、方法、技术，提升平台管理的核心竞争力，用数据完善方法，用数据提升技术，用数据驱动创新。

（七）平台思维

平台思维可能是最广为人知的一种互联网的思维，很多创业者梦寐以求的是成为行业平台运营者，能够像阿里巴巴、京东、淘宝那样做成一个连接所有资源网络，连接买方与卖方，连接市场的综合性服务平台，平台思维实际上是组织内部的运营模式和组织形态的创新追求。

第一，平台思维是合作共赢的思维。进入平台里的组织或者企业各有不同的追求。无论是政府、企业、社会组织还是志愿者、基金会，都有各自的利益目标追求。平台需要打造出合作共赢的平台机制和平台杠杆，从而使得平台能够更好地、更有效率地配置资源，更有效地解决问题。只有资源通过平台分配提升了分配效率，职能转移通过平台提升服务效率，企业通过平台提升了社会责任水平，形成了更具广告效应的慈善公益形象，志愿者通过平台实现了自我价值，社会组织通过平台实现了自我成长，社会问题通过平台得到了更好的解决，平台才能达到合作共赢。换言之，平台必须是能够塑造多方利益共同体的平台。

第二,平台思维是价值共享的思维。无论是政府、企业、社会组织还是志愿者、基金会，都有各自的价值目标追求。价值目标往往较难统一，较为容易在平台内部形成价值冲突，引发价值质疑。平台管理中需要及时管控这些分歧与冲突，采用相互体验的方式，体验不同主体的不同价值观，从认识到包容，不断地学习彼此的优点，形成价值共享的机制。

第三，平台思维是跨界的思维。做公益的人做到一定阶段后，经常会有自我限制现象的发生，会觉得自己做的一定是最好的，会认为自己提供的服务是最好的，自己的价值情怀是最有价值的，自己提供资源是最能够满足服务对象需求的，因此较不愿意接受改变。基于道德与使命行动的公益人会有强烈的道德边界、使命边界，容易屏蔽对组织发展有利的因素，会不断地内卷，不断地减弱开放性。平台管理应多组织跨界活动，建立多组织跨界的合作平台，举办跨界思维沙龙和讲座活动，带动更多组织参与平台的管理中，用用户体验的方式去认知不同组织的价值观，降低管理风险。跨界思维可以非常有效地避免管理低效点。管理低效点描述的是运营过程中，无论平台怎么努力，管理效益与效果都较差的现象。平台需要应用跨界思维，引入跨界组织，激发创新行动，从新的角度切入问题，用新的方法解决问题，塑造新的机制建立新的管理体系，最终提升管理效率，实现更好的效果。

第三节　社会工作相关理论

社会工作强调助其自助，强调案主责任，强调自我实现，强调优势视角下赋能、还权、归位的方法论，这些基础理论针对的对象几乎都是自然人，较少涉及法人。虽然社会工作行政涉及部分组织系统，但是只是在项目管理与组织管理方面移植了工程管理的相关理论，适用性较弱，其他社会工作法人系统的研究则少之又少。法人系统处于宏观与微观之间的中观领域，涉及组织、项目、平台、资源、条件、法人行动等领域，平台属于社会工作法人系统中子系统。近年来社会工作涉及的组织行为、平台行为越来越多，社会工作法人系统的理论建构就显得特别重要。

一、从自然人赋能到法人赋能

从赋能的角度来看，平台赋能的对象不是自然人，而是法人。法人赋能需要通过宏观管理、行动研究、系统提升、生态打造四个有效手段实现组织赋能，孵化平台、创投平台某种意义上是法人赋能的载体与媒介。

第一，管理赋能是通过组织架构的变革实现授权与赋能，最终提升组织力和管理效率，提升组织的法人行动能力。社会工作平台应以孵化或者创投的形式实现对于社会组织的赋能。孵化无疑是组织赋能的媒介，创投则是项目赋能的媒介。管理赋能是结构性的赋能手段，较少受到个人的影响，通过制度创新管理创新方式，在孵化创投的过程中，利用管理咨询、诊断、规划、陪伴培育的手段，去使其组织结构发生变革，提升管理效率。法人赋能更倾向所谓结构情境的塑造，通过结构化情境的方式去模拟不同发展阶段可能会遇到的不同问题。结构化情境赋能的主要方法是沙盘推演、社会“病理实验”、社会问题模拟解剖、诊所教育。这些方法类似于在财务管理，在人力资源管理中经常用到的沙盘游戏。和财务管理格式化训练不同的是，社会工作法人赋能是需要辅助式陪练、督导的帮助的，陪练督导的角色特别重要。

第二，学习赋能。在 MPA 和 MBA 学习当中，和被辅导对象共同去挖掘企业自身的案例，将行动研究与服务式学习有机地结合，也是法人赋能的重要方式。也就是说，平台和组织共同研发案例，通过研究的方式指出组织发展过程当中的一系列问题，是法人赋能行之有效的一种方式。

第三，行动赋能。法人赋能往往追求的是系统化组织化的行动能力，不管是情景模拟还是法人督导，从人、事、物的管理出发。将价值管理、战略管理、社会生态管理、外部性管理统一在赋能体系中，赋能行动构建出的是系统化的行动系统，这些系统类似于前述所论述的“小生境”系统，是直接与法人行动有关的系统。

第四，生态赋能。生态赋能分为两个部分：一是组织内部从使命愿景出发，沿着价值、目标、战略、策略、项目化体系的一体化脉络构建组织内部的生态体系。二是组织外部资源供应链与生态链的建设。组织内部生态体系关乎组织生产与生存的条件，外部供应链与生态链则关乎组织生存的影响因素。用一体化生态赋能方式来实现组织内部与外部的协同发展，内外部主体一起做战略规划，一起建立资源体系，一起实现项目化运作，共同完成平台的战略使命。

二、从优势视角到优势平台

社会工作优势视角是关注人的内在能力与资源的视角。优势视角倡导将服务对象及其环境中的优势和资源作为社会工作助人过程中所关注的焦点，而不仅仅关注于问题与社会“病理”。优势视角着重挖掘案主自身的优点，帮助案主认识其优势，从而达到解决案主外在或潜在的问题。优势视角是基于案主优势的挖掘，寻求其主动的成长。社会平台从自然人赋能走向法人赋能的过程中，挖掘社会组织的优势，辅助社会组织认识其优势，解决社会组织发展中遇到的各种问题，进而唤醒法人组织的主体意识，提升法人的行动能力。社会工作平台应该从 7 个方面建设优势平台实现上述行动。

第一，平台提供一系列的基础设施与办公设备，改善组织的办公条件。平台提供一系列的培训，提升组织的管理能力。倡导组织开展共享服务，降低组织的运营成本。

第二，平台整合内外部资源，建立平台统一的供应链。社会组织能够在平台内部实现全要素供给。无论是上下游资源，还是公益产业集群。社会组织不需要到平台外部配置基础资源，在平台内部就可以配齐基本的发展要素。平台的资源运作应该使得社会组织降低时间成本，降低交易费用。

第三，平台提供个性化的培育服务。通过一对一的咨询、诊断、规划、设计服务，满足不同组织的个性化需要。倡导组织相互提供发展案例，分享发展经验与教训，避免平台内的组织重走发展期或幼稚期所面临的各种弯路，规避各种发展陷阱和发展困境。

第四，平台建立内部协作网络，构建共享优势资源的合作平台。打造平台内部的上下游纵向链条与横向合作体系，纵向链条和横向合作在平台内部编织共建、共享、共治的协作网络与合作平台。

第五，平台建立内部公益服务集群。针对某一社会议题构建公益服务集群，倡导平台内社会组织分层合作，分解议题为相关子议题，分解社会问题为相关子问题，不同社会组织针对不同的子议题、子问题形成分工体系下的服务集群。

第六，平台建立外部生态网络。平台应在外部建立生态网络，可以使社会组织离开平台后依然可以享受到平台的资源与服务，并且利用平台的外部资源优势、交易成本优势实现平台外生存。平台外部的生态网络能够较好地延展平台服务功能，有效地避免社会组织离开平台后出现“出壳死”的现象。

第七，平台建立平台公益资产库。平台核心竞争能力是有形资产、无形资产、孵化能力和组织能力的有效结合。应有效挖掘社会组织的核心资源和核心能力，并在平台内共享，这是平台构建公益资产，提升竞争力的非常有效的手段。平台有其公益属性，平台内社会组织应从单一的服务对象角色向资源提供者、能力共享者、相互协作者等角色转化。平台应有效利用社会组织社会动员能力强，整合资源渠道多，社会影响力大的特点来做好平台的公益资产，用优势视角来建构优势平台。

三、从“人在情境中”到“人与情境互构”

社会工作强调“人在情境中”的结构化视角，强调案主在情境中的行为变化与行动原动力一部分来自情境。但是情境本身就是充满主观意味的词语，并不是刚性结构本身，并不等同于环境，更多描述了结构化形成的过程与动态运作的机制。因此，人在情境中，除了客观环境使然，更为重要的是案主自身对于环境赋予的主观判断与环境感受，以及在此基础上形成的由案主、社工、其他利益攸关方共同行动所塑造出来的情境行动力。因此，情境是客观环境加上行动主体对于环境的主观构建所产生的综合体。情境的内涵决定了人既在情境中，又构建着情境，某种意义上，人与情境是互构的。

（一）三角市场情境

不同于企业所处的市场环境，社会工作平台处在三角市场中。三角市场中的客户与用户是分离的，平台服务的社会组织往往享受政府或企业所购买的服务。三角市场中，政府或者企业是客户，社会组织是用户。用户是不付费的，由平台客户提供费用。就意味着存在公益三角市场，A 客户为 B 用户付款，由 C 平台提供服务，社会工作平台提供的公益服务形塑了这种特殊的三角市场，和一般市场的直接交易有着明显区别。也就是说社会组织入驻平台是不付费的，平台型社会组织提供的服务是由政府、企业、基金会来买单的，运作不同的社会工作平台，都应该深刻把握三角市场的特点，把握在复杂市场下三方共振的市场格局。

（二）交换螺旋情境

社会工作平台解决社会问题涉及多方利益，合作共赢是其中的重要架构，这种架构表现多方交换的螺旋情境。多方利益都会交汇到社会工作平台中，通过平台运作实现利益交换与交汇共融。这个过程也会发生各种冲突与矛盾，需要协调多方利益避免冲突扩大化，需要在交换领域对政府政策、企业资源、社会支持、志愿者价值、社会组织服务以及社区群众的参与等多方利益加以统筹。多方利益通过平台交换相互满足利益需求，和一般科技平台、企业平台不同的是，社会工作平台是在利益交换的基础上进行价值融合的平台，交换螺旋的基础是共同的目标与共同的价值观，因此在内部利益交换出现矛盾和冲突时，共同的价值观会使得交换不因交换等价难题而中断，价值重塑使得交换螺旋呈现出特殊的价值情境特征。

（三）仿生催化情境

社会工作平台中的孵化器、创投都是通过仿生情境集中资源产生了催化效应。这种情境集中了社会组织成长环境当中的优势要素，压缩了社会组织的成长时间，形成了社会组织的温室效应，催化了社会组织的发展，社会组织的发展反过来推动了社会的进步，这是通过仿生催化情境实现的催化效应与衍生效应。

第三章　公益孵化平台
——公益孵化器与孵化园

第一节　公益孵化器的历史与平台管理

一、公益孵化器的历史

人类历史上的第一个企业孵化器是在美国产生的。1956 年，美国纽约州的水牛城农机厂破产后闲置了很多厂房，曼库索家族是这些厂房的拥有者。约瑟夫·曼库索发现整栋楼在农机厂破产之后已经很难租出去了，他构想了一种新的运营模式，将厂房分割成独立的三个小单元租出去，其中租住一个单元是养鸡场。后来冥冥之中似有天意，约瑟夫·曼库索考虑：像物业公司那样单纯地收取物业管理费并不能提升营收收益，他创新运营方法，为入驻的这三家公司提供咨询服务与融资服务，来帮助他们成长，这是人类历史上第一个企业孵化器雏形。

孵化器自诞生之日起，时间也不过是 65 年（1956—2021），在短短的 65 年发展历程中，孵化器已经成为促进经济社会发展的利器。20 世纪 60 年代以后，和科技革命的第三次浪潮遥相呼应，孵化器进入高速发展期，美国著名孵化器硅谷等产生于这一时期。孵化器对科技行业的发展起了关键性作用，孵化器为科技企业的前期发展投入了大量资金，配套了技术、资源、生产链条等各种服务，帮助科技企业克服了创业期耗资多、风险大，成功概率低的问题。没有孵化器的运作，很多科技企业是很难度过创业死亡期的。

科技孵化器对后来美国的经济以及中国的经济发展都起了非常大的推动作用，我们国家的第一个科技孵化器是 1987 年在武汉诞生的东湖科技孵化器。2011 年国家提出“大众创业、万众创新”以后，不管是科技孵化器、企业孵化器还有公益孵化器都进入了一个高速的发展期。公益孵化器用要素聚集的方式，通过仿生的运作手段，最大限度地创设出组织发展的最优环境，来推进组织和企业的发展，进而带动经济社会的发展。当然在这个过程中，孵化器也产生了各种各样的问题。大量的资源要素聚集后，并没有显现出聚集效果：要么是孵化器里面没有被孵化的组织，要么是组织难以孵化，要么就是孵化出来组织出壳以后难以生存，抑或组织生存很好，却偏离社会组织轨道，成为利用公益去营利的组织。

国内公益孵化器的历史只有短短不到 20 年的时间，可以将这 20 年的发展分为三个阶段。

第一阶段是 2001 年到 2011 年，这个阶段的孵化器还是比较传统的北美式的孵化器。在北美式孵化器影响之下，公益孵化器做了某些形式的改良，针对中国大陆当时社会组织发展的具体情况，开展了譬如注册辅助、能力提升、咨询、资源对接等孵化服务活动。

第二阶段是 2011 年到 2016 年，孵化器越来越具有破解经济社会发展重大难题的功能。通过聚集要素、聚焦问题、聚变反应的范式来破解重大难题。要素聚集过程中，聚焦特定问题的特点越来越明显，不断衍生出针对某一个特定问题的孵化器，孵化器可能越来越专项化，越来越集中化，越来越焕发出较为强大的生命力。在解决问题过程中，资源的投放更有效率，人才供给更加充分，问题的解决更有针对性。这一阶段越来越强调技术研发，深度研发、集中资源研发、链条式研发的方法逐步显现出来。孵化器非常明显地呈现出聚集、聚焦、聚变的特征。

第三阶段是 2016 年到 2021 年，公益孵化器进入到价值链、产业链形成阶段。社工类型的孵化器，在这个过程当中起了比较大的作用，研、孵、创、产、销一体化逐步形成。研发中心越来越成为公益孵化器的标配，同时生态链进一步拓展了资金、资源、服务、网络，使得公益孵化器的产业链越来越长，可以通过研、孵、创、产、销 5 个环节去协同各种资源，以满足组织发展的需要。产业链形态下的孵化器与孵化园的平台属性越来越强，孵化园不应仅仅是舒适的办公场所，更应是有温度的生产社区、有高品质生活质量的街区。园区不仅要有效率还要有品质，不仅有经济价值，还有社会价值、文化价值、生态价值，园区价值链是复合性的价值链。不能把孵化园建设成生产性的工厂，更应该建设成为有温暖、有社交、有品质的社区，这才是园区、社区、街区一体化本质所在。

研、孵、创、产、销还只是生产链条意义上的价值链，还要从社区、街区角度重新塑造意义体系，在新的价值链基础上建立与组织的信任和认同关系。孵化器与孵化园不仅要解决社会组织的生存问题，更应该创设出更有品质的生活、更有品质的社交空间、更有品质的人际社群。孵化器的研、孵、创、产、销五个方面的核心竞争力，以及孵化园在园区、街区、社区、生活区域、服务一体化方面的特点，都构成了未来孵化器运营的核心竞争力，两个一体化模型是未来判断公益孵化器和孵化园成功的模型。

二、公益孵化器平台管理的历史

针对公益孵化器的三个发展阶段，相关的社会工作平台管理也有三个发展阶段。

第一阶段：平台管理呈现出服务供给型的特点。孵化平台在这一阶段更多是为“草创期”社会组织提供服务，是较为典型服务供给型平台。组织注册不知道如何注册，平台提供辅助注册服务；组织不知道如何运作，平台提供培训服务；组织发展缺乏人才队伍，平台提供人力资源；组织缺乏项目研发能力，平台提供项目辅助设计服务；组织缺乏发展资金，平台提供筹款募款服务。平台管理在这一阶段要做的事情是做好桥梁纽带作用，做好技术服务工作。

第二阶段：平台管理呈现出生态服务型的特点。孵化平台在这一阶段更多是为“发展期”社会组织提供服务。发展期组织不再需要孵化器做更多的技术和资源的支持，更多的是去做市场推介与出壳以后的生态环境建设。这个时候孵化器的功能就不再是孵化的功能，而是培育和陪伴功能，同步开始强调入驻社会组织的责任，强调对于孵化平台的回馈，强调平台与组织共建生态链的重要性。

平台的生态链条总计有七条，包括政社、社企、校社、社媒、基社、社融、社群链条。

政社链条，是由上及下的公益创投、政府采购招投标、政府职能转移所形成的链条，是政府下沉资源到平台的单向生态链条。

社企链条，是企业社会责任与企业志愿公益活动投放资源到平台，企业的捐赠款项与物资到平台，是企社合作的双向互动生态链条。

基社链条，是基金会资助社会组织，提供资金与资源到平台，是基社合作的生态链条。这一链条取决于平台上游拥有多少家基金会资源。

校社链条，是高校提供智力资源、人力资源到平台，是校社共建实习实训基地，建设治理智库，实现技术转移、产品研发的生态链条。

社群链条，是平台与互联网中的社群互动的生态链条。在应急时刻通过互联网进行广泛社会动员，筹集救济救灾型资源的有效生态链条。平台的互联网动员能力决定了该链条对于平台的支撑作用。

社媒链条，是平台与传统媒体、新媒体合作互动的生态链条。可以和多少家媒体进行合作，拥有多少媒体资源，媒体推广能力有多强是评价平台传播能力、知识生产能力的标准。

社融链条，是平台与金融机构、资产信托组织合作打造的链条。平台拥有的信托慈善资产总量，公益知识产权总量，受捐赠的不动产总量、有价证券与股权总量可以看作评价平台可持续发展的重要指标。

公益孵化器如果具备七种平台生态链条，实际上也就拥有了大量可转化的公益资产，评价公益孵化器在发展期的优劣，可以从知识产权资产、固定资产、硬性资产、人力资源资产、影响力等方面加以考量。这些资产基本属于软性资产，社会工作类平台需要做软性资产储备和资产管理，否则公益孵化器运作多年以后，仍将是没有基础的孵化器。平台型社会组织和枢纽型社会组织明显不同的是，枢纽型社会组织更多的是起桥梁纽带作用，自身的资产属性不强，较难形成以生态链为基础的公益发展生态环境。相反，平台型社会组织的资产存量会较多，较能够影响社会组织在地的生态环境。这种生态环境直接关乎社会组织的发展，应属于“小生境”生态环境。平台不可能改变大的生态环境，不可能影响到政策、市场，只能影响“小生境”，这就需要社会工作平台自建小的生态环境。

第三阶段：平台管理呈现出平台共享型的特点。如果说第二阶段的平台管理对外构建生态，第三阶段则是对于平台内外资源的共享开发。将平台服务对象——社会组织从服务对象转化为服务主体，将被服务者的角色转化为资源供给者、分享者、开发者的角色，并将平台内部打造成协同网络、共享网络，每一个服务对象既可以是被服务者也可以是其他组织的服务提供者。在平台内部通过知识共享、课程共享、产品共享、人力资源共享、项目创意共享等一系列的共享转化，形成内部网络。平台不仅仅有外部生态链来维系组织生存，平台自身也变成内部生态链的生产者，社会组织从生态中的下游享受者变成了生态中的上游供给者，平台基本上达到资源输入和输出的平衡、“生产”与“消费”的平衡。

这种输出和输入相结合的方式，才是真正从服务供给型、生态供给型转向平台共享型，平台的边际效用才会不断增强。在第一、二阶段的服务与生态供给模式下，组织增加得越多，线下物理空间就会越拥挤，管理成本就会越大，同时，数量的增加还会使得技术、资源变得稀缺，需要不断加大投入，进一步加大了成本。组织自身也会依赖于平台的支撑，难以出壳或者出壳后难以生存，平台边际效用会不断递减。只有把被服务者转化为服务者，把享受资源者转化为提供资源者，把单一服务转化成互助服务，最后在输出与输入之间找到平衡点，平台才会呈现出可持续发展的格局，它的边际效用才会不断增强。

当把这种内部共享特征与第二阶段外部生态链与生态环境建设相结合的时候，平台管理外部性生产特征就会显现出来。平台自身也会从一个被输血的角色，转化成整体大生态环境中的输血者或者生产者的角色，七个链条也会实现可循环与再生产。在政社链条中，平台不再是单一依赖于政府资源的平台，而是可以生产人才、项目、资金的平台；在社企链条中，无论是市场领域还是在社会领域，平台都可以成为基本生产资料的供给者，成为创新发展的平台、跨界合作的平台、企业软实力增长的平台和企业员工内化价值观提升自我素质的平台；在校社链条中，平台不再是单一智库提供者，而是吸纳就业的基地，是智库知识产权与专利技术的转移中心，更是反向输血高校的实验室，是高校研究课题与经费的来源，是高校科研的转化基地；在社媒链条中，平台成为知识的生产者；在社融链条中，平台是公益资产与公益资本的增值者；在基社链条中，社会工作平台效用会越来越显现，能够集中更多要素进行集成创新，放大基金会资助的效应。

第二节　公益孵化器与公益孵化园

一、孵化器的概念

孵化器本身指的是人工孵化禽蛋的设备，后面引进到经济社会领域，成为一种新型的社会创新工具，也是一种新型经济社会组织。

孵化器运作是通过场地的运营，提供办公以及通信网络等方面的设施，为企业与社会组织提供政策咨询、融资服务、法律支持、市场推广等方面的服务，降低创业型企业以及创业型社会组织的创业风险与创业成本，进而提升组织创业的成功率，特别应该注意的是孵化器本身就是组织。

二、孵化器的要素

孵化器的要素包括：共享的空间，共享的服务，在孵的组织、企业，以及从事孵化器运营的运营管理人员，扶持组织或者扶持企业发展的优惠政策等。这些要素揭示了孵化器的本质是为社会组织和企业提供仿生的创业环境，压缩组织的成长时间，加速组织的成长，进一步提升创业成功率。

三、公益孵化器

公益孵化器是孵化器其中的一种类型，一般具有公益属性。这种公益属性指的是为组织提供免费的咨询服务，提供场地空间服务以及其他创业服务，来提升孵化器的运营效率。当然，相对于企业孵化器，公益孵化器具备一定的特殊性。

（一）平台性

公益孵化器为在孵的社会组织提供免费的注册服务、培训服务，提供获取政府资源、市场资源、社会资源的渠道与平台，搭建政、社、企、校、媒相互交流的平台。

（二）组织性

公益孵化器是组织或者企业，不是一个区域的概念。因此，公益孵化器一样有组织目标、组织结构、组织制度、组织管理等要素，孵化器的孵化能力本质上就是组织的组织力，只不过在孵化平台表现为孵化的形式。

（三）场域性

如果把公益孵化器概念放到具体的实践场域中来把握，公益孵化器的运营是在特定的空间里实现的。孵化器提供资源与服务，集中资源实现有效供给，倡导共享资源和服务。集中与共享是公益孵化器特殊的运营手段，能够聚集资源后聚焦问题的解决，形成聚变效应。集中共享的资源会对孵化器最后的运营效力起到比较大的影响。能够集中的资源越多，能够共享的资源越多，公益孵化器的生命力就越强。

（四）外部性

公益孵化器追求的第一层目标是组织或者企业的出壳率或成长率，孵化器考核当中第一类指标往往也是为了企业或者组织快速地成长。无论是政府兴办的公益孵化器还是企业兴办的公益孵化器，都是非常看重这一类指标的。如果说公益孵化器的出壳率为零，组织的成长率也为零，绩效就可想而知了。但是公益孵化器并不仅仅追求组织的成长，更看重公益孵化器孵化的社会组织解决了多少社会问题，产生了多少社会创新方法，形成了多少可以借鉴的案例，最终为政府决策提供了多少咨询建议，这些外部性特征也是评价公益孵化器的核心指标。

（五）一体性

在日常状态下，公益孵化器和公益孵化园往往是不分的，“器在于园中，园以器为生”，是器园一体的形态。没有孵化器也就没有孵化园，同样，孵化园当中如果没有孵化器的话，其特性也就荡然无存。

（六）价值性

公益孵化器的使命是创造社会价值。无论是促进组织成长还是促进企业成长，都是为了社会创造价值，倡导更多的人参与支持社会公益，促进社会组织成长，促进更多人就业，解决更多社会问题都属于公益孵化器的价值。理解公益孵化器的价值属性在于理解这部分价值并不是以金钱价值来衡量的，而是以社会公平价值与社会发展价值来衡量的。

（七）服务性

公益孵化器的业态是典型的服务业，是通过服务解决社会问题实现社会价值，通过服务创新改变服务业态，通过服务技术实现组织生存。以往公益孵化器更多从公益角度来理解孵化器，而不是从孵化器角度理解公益。公益角度理解孵化器，往往只看重孵化器的公益属性，从孵化器角度理解公益，则是用新视角、新理论来理解公益，公益除了有传统认知中的慈善公益属性，在孵化器视角下公益还具有市场属性、法人属性、生态属性。这样的视角下，孵化器推进的事业就是以法人行动为特征，以集中资源和共享服务为特点，以孵化成功率为短期目标，以构建生态为可持续发展的目标，以组织成长为标志，以解决社会问题，实现社会价值为使命愿景的事业。

四、公益孵化园

公益孵化园是以孵化为目的,以孵化器为主体,为组织提供场地、设备、补贴，进行能力提升的公益组织孵化聚集区。它本质上是孵化聚集的园区，具有园区、社区、生产区、街区一体化的特点。

（一）园区

孵化园和孵化器虽然是一体的，但是园区的特点在于把大量的资源、大量的人力、大量的设备、大量的场地空间集中起来使用，形成物理空间与社会空间的融合，孵化器不具备这样的特征。

（二）社区

公益孵化园具有社区特点。园区中有共同价值观的人聚集在一起，彼此共享知识、相互交流、相互支持，具有非常典型的社区特性。社区的特征表明运营组织、支持组织、服务组织、入孵的组织对这个园区有归属感，对园区的价值目标有认同感。

（三）生产区

公益孵化园具备生产区特点。孵化的过程就是生产的过程，无论生产的是服务、产品、项目，还是人才、组织，抑或产出的是园区、社区及解决社会问题的机制，都是孵化园生产区特征的表现。

（四）街区

公益孵化园具有社群街区的特点。人们工作在园区中，生活在社区内，消费在街区里。孵化园往往配套了多个商务和生活便利设施，形成服务型街区的显性特征。园区中非工作领域的生活性服务包括商业服务、家庭情感服务、社交服务等。

五、公益孵化器与公益孵化园的差别

公益孵化园和公益孵化器明显的差别在于，孵化园是“区”，孵化器是组织。公益园区是园区、社区、街区、生产区域四位一体的，孵化器则是生产链、价值链、供应链一体化的。

（一）运营差别

运营公益孵化器靠的是技术，运营孵化园靠的是管理。孵化器是组织，是以技术赋能为主的技术性组织。孵化园是园区，是以运营园区、社区、街区物业的孵化聚集区。

（二）运营者差别

公益孵化器的运营者像足球俱乐部当中的教练，公益孵化园的运营者像足球俱乐部的经理。

公益孵化器的运营者，往往是枢纽性或者平台型社会组织。因为孵化器的运营不仅仅要提供技术支持，还要提供资源对接，提供一对一管理咨询，提供各种交流、交易活动的平台，提供渠道让组织走出去，一般性的服务组织很难满足这种要求，只有枢纽性或者平台型社会组织才能满足这样的技术要求。公益孵化园的运营者是具有物业运营经验的企业或者组织，有过住宅物业或商业物业运营经验的组织较为适合，能够较好地将园区、社区、街区进行一体化物业运营。

（三）技术差别

公益孵化器的技术更多是一种教练型、陪练型的技术，往往要求有技术、有资源、有经验的团队来运营公益孵化器，才能更好地提升入孵组织的管理水平与技术水平，帮助入孵组织拥有解决社会问题的资源。公益孵化园的技术更多是经理型的技术，往往要求具有管理经验的团队来运营孵化器，才能更好地提升园区的运营效率，促进园区、社区、街区一体化。

（四）目标差别

公益孵化器的目标在于孵化多少社会组织解决了多少社会问题。看重的是入孵组织的成长，能否成功地孵化出壳，出壳之后能否有效地解决社会问题。

公益孵化园的目标是打造四位一体化功能聚集区。四位一体的园区特征看重的是作为社区是不是能够提供高品质社区生活，作为生产区域有没有服务与产品的高效产出，作为园区是不是能够孵化更多社会组织解决问题，作为街区能不能配套好高质量的商务与社会服务，人们在孵化园内工作的质量和工作的本身舒适度如何。这些是公益孵化园看重的目标。

第三节　公益孵化器与孵化园工作流程

一、公益孵化器的工作流程

公益孵化器的公益流程最早源自上海恩派（NPI）制作的公益流程，现在全国很多地方的孵化器工作流程上都和这张图（见图 3–1）相似。一般孵化园墙上都显示了相同的工作流程，都和当年上海浦东塘桥公益孵化园内的 NPI 所做的孵化器流程有一定的知识关联。这样一种关系其实显示了在公益孵化器发展初期的时代特征。

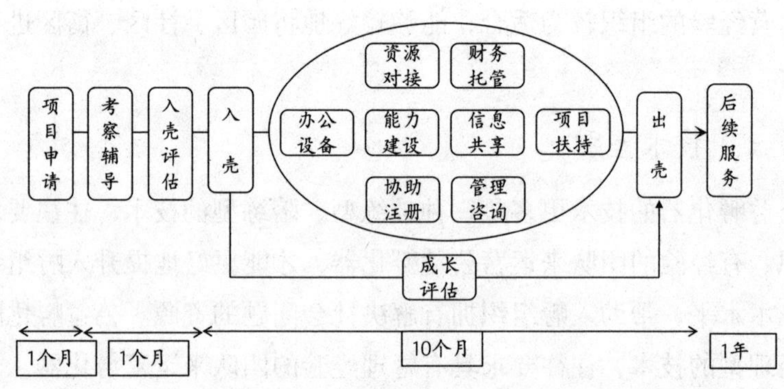

图 3–1　公益孵化器工作流程

（一）入孵的核心服务

在公益孵化器发展初期，运作流程照搬了企业孵化器的工作流程。先是组织进行项目入孵的申请，经过考察进行入壳评估。入壳之后孵化器提供 8 种基本服务：第一种是提供基本的办公设备和办公的场所，第二种是协助社会组织注册，第三种是提供能力建设，第四种是提供资源对接，第五种是提供财务托管，第六种是提供信息共享，第七种是提供管理咨询，第八种是提供项目扶持（见图 3–2）。

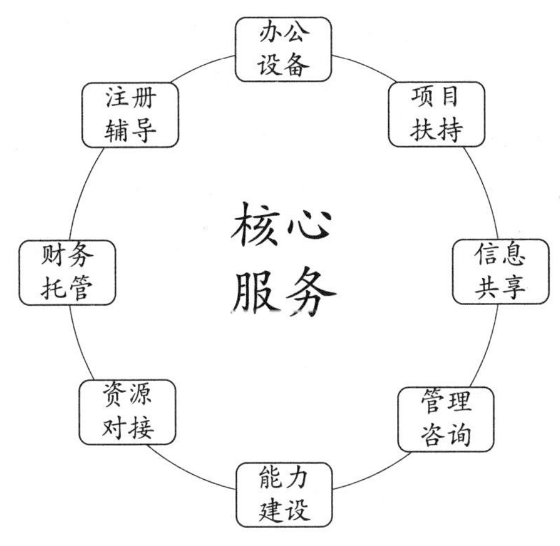

图 3–2　早期公益孵化器的核心服务

在社会组织发展初期，注册还是一件比较困难的事情，所以孵化器首选的服务就是帮助社会组织注册，构成了当时公益孵化器的核心服务。此外，当时的公益组织和社会组织对什么是公益组织、什么是项目的认知还是有所欠缺的，公益项目、公益组织尚未普及。公益孵化器提供的是项目设计与管理、组织管理、资源对接、信息共享、参访学习等孵化服务，其中管理方面的咨询构成了那个时期公益孵化器运营的核心内容。

（二）多样化的孵化器服务

中国大陆不同区域的社会经济发展水平有着较大的差别，这些差别为孵化器的不同衍生版本提供了社会土壤。由于不同的发展阶段需要解决不同的社会问题，孵化器也需要孵化不同类型的社会组织。也就是说，不同区域的社会组织所要解决的问题的属性是不同的，对于孵化的需求是不同的，孵化器的服务也就有所不同。我们回顾 NPI 提供的具有开创意义或启蒙意义的孵化器服务时，可以发现这样的孵化器只是针对社会创新的初期形态。基于这样的视角非常有助于理解当下孵化器的不同服务类型。

公益孵化器诞生之初的首要服务是辅导社会组织的注册，以及整合资源服务、财务托管服务，现在草根型或者发展型的社会组织依然需要这种服务，对于经济社会发展相对滞后的地区，这种孵化器依然有其生命力。当然，成熟期的社会组织，单纯的能力建设、单纯的注册辅助或者提供办公场所已经不再是其根本需要了。它们更多的是需要打通上下游链条，建设外围社会网络，提升组织的品牌化影响力，形成组织核心竞争力等。

二、公益孵化园的工作流程

公益孵化园的工作流程如图 3–3 所示。

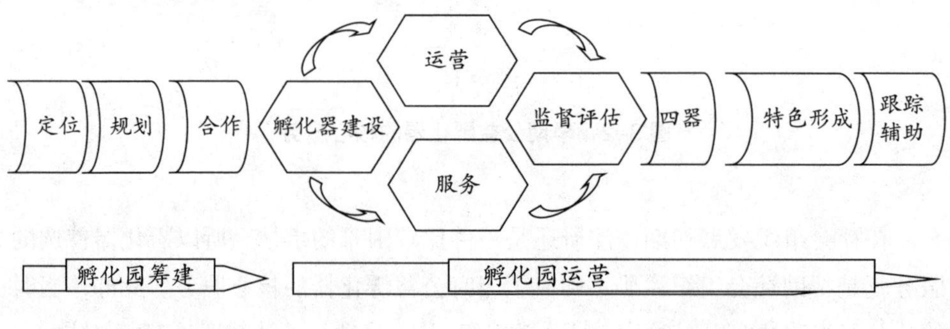

菜单:

1. 孵化园定位与规划
2. 孵化园的管理运作
3. 孵化园的孵化器运作
4. 孵化园的筹资
5. 孵化园人力资源管理队伍
6. 孵化园的监督与评估
7. 孵化园的品牌建设与市场营销
8. 孵化园主办与承办关系处理

图 3–3　公益孵化园的工作流程

公益孵化园基本的流程同样分为定位、规划、合作服务等环节。

（一）定位

公益孵化园的定位和孵化园运营的成功率高度相关，究竟定位成专项型的孵化园、靶向型孵化园，还是综合型孵化园，需要明确类型定位；是省一级、市一级或者县区一级孵化园，需要明确层级定位；是政府公办公营、公办社营，还是民办社营，需要明确运营定位。

（二）规划

将孵化园的使命、愿景、定位同孵化园运营有机结合，制定战略目标、规划战略方案、采取战略行动，并将战略转化为项目化操作，统一规划行动方案、保障方案、团队方案、行政后勤管理方案、项目推进方案。

（三）公益孵化器建设

孵化园里有孵化器。公益孵化器对孵化园起了核心的支持作用。如果是专项型的孵化园，那么它的孵化器就是一种反向型（靶向）的孵化器。比如，养老型的公益孵化园里的公益孵化器肯定只是孵化养老社会组织的反向型(靶向）孵化器。养老事业面临什么样的问题，需要什么类型的社会组织，孵化园就应该孵化什么样的社会组织。

如果孵化园定位在街道社区层级，公益孵化器就不仅仅是具有单纯孵化功能的孵化器，还应具有服务社区的功能，这种孵化器类型是社社孵化器。街道一级、社区一级的孵化园有针对性地提供以社区治理、协商议事、社区服务为主的孵化服务,孵化的是能够帮助基层政府进行社区治理、社区服务的社会组织。

（四）公益孵化园的8项基本服务

公益孵化园提供8项基础服务。第一项是公益孵化园的定位规划；第二项是公益孵化园的管理运作；第三项是公益孵化园的公益孵化器运作；第四项是公益孵化园的筹资；第五项是公益孵化园的人力资源管理；第六项是公益孵化园的监督和评估；第七项是公益孵化园的品牌建设和市场营销；第八项是孵化园主办和承办双方的法律契约关系管理。这些构成了公益孵化园运营过程当中的基本服务，这些基本服务是由类似于经理的角色去完成的。

三、公益孵化器与公益孵化园的耦合

（一）服务内容的耦合

孵化器服务朝向社会问题，服务内容会根据问题的不同而有所变化，社会组织不同的发展阶段、不同的类型，都会影响服务内容。通过孵化器解决社会问题是其主要的诉求，因此孵化器服务的核心朝向社会问题。孵化园则是朝向生态的，它具有园区、社区、生产区、街区一体化的生态特征，是为了给孵化器创造解决社会问题的生态环境，四区一体化运作的好坏直接决定了孵化器的运作效率，间接决定了解决社会问题的可能性。从耦合的角度来说，公益孵化园区与公益孵化器之间是一种高度关联的耦合关系。

（二）服务流程的耦合

服务流程上，公益孵化园和公益孵化器是递进式的耦合关系。不同的孵化器就会有不同的孵化园，不同的孵化园也会有不同的孵化器。整体来看，公益孵化器的运作流程是前期入壳、中间入孵、后期出壳三个环节。公益孵化园的运作流程则是定位规划、聚集组织、提供园区的生态、出园四个环节。

就当下的实际情况来说，在许多区域的公益孵化器和公益孵化园的运作中，这两个流程往往是不分的，大部分地方也是由一家组织来同时管理公益孵化器与公益孵化园。

两个流程还是有差别的，在差别的基础上进行耦合，是流程管理的基本形态。将耦合等同于统一，就会出现较多的混乱问题，这是公益孵化园或者公益孵化器运营指标混乱、运营绩效不高的原因之一。前述曾经提及公益孵化园和孵化器评估的最后环节是不同的。公益孵化器服务流程的最后环节是组织的出壳评估，而公益孵化园评估则是考察单位面积实现的价值有多大。评估公式是以实际产出除以单位面积，单位面积为分母，实际产出为分子，计算单位面积下一年产出了多少组织、多少项目、解决多少问题。以孵化园单位面积下的产出率——单位面积产出的社会价值（解决社会问题程度/平方米）进行评估，并把产出率作为最后的考核目标。这实际上将孵化器的长期目标放到了孵化园中进行了考察，实现了两个系统同一目标体系下的递进耦合。控制耦合的实现程度，要把公益孵化园与孵化器评估指标进行递进考察。

第四节　公益孵化平台的生态特征

一、公益孵化平台的模拟生态

公益孵化器与公益孵化园一体化的特征决定了公益孵化平台具有比较明显的生态特性。公益孵化要想取得成功，除了取决于技术水平的高低，更取决于孵化园生态的打造。园区需要将物理空间和社会空间打造成高度的重合性的空间，模拟组织成长的生态环境，进行仿生型的生态打造。

仿生原理相信通过要素、项目、组织的集聚能够最大限度地将最优环境聚集在社会空间里，提供支持组织成长的生态要素，优化组织的成长环境，通过仿生原理最大程度上催生社会组织。

（一）仿生生态链

公益孵化器基于社会空间和物理空间集聚优势资源，集中最适合组织成长的要素，仿生社会组织的最优生态环境。社会组织成长的最佳仿生环境应该是在第三方组织提供一系列关于技术的，渠道的、网络的、资源的、政策的辅助服务与资源的基础上，倡导社会组织相互学习，共享资源，彼此支持，共建生态的生态环境。不仅仅是简单的仿生，更为重要的是通过生态建设方法超越仿制实现生产循环的仿生。事实也证明了公益孵化运营较好的一般是仿生生态链生产性做得比较好的，公益孵化器仿生生态链生产率比较高的，组织的成活率也是较高的，解决社会问题也更为有效。

（二）仿生生态链上游

仿生并不只是简单的要素聚集，多种要素之间形成相互互动和相互作用的链条机制，是仿生功能实现的关键。公益孵化器或者孵化园中，有没有上游的生态链，对于公益孵化的运作起了关键的作用。园区内有没有上游资金的支持，有没有上游政策的支持，有没有上游智力资源的支持，都决定了公益孵化的最终成功率。上游的资金就是孵化器的温度，没有上游资金的注入，恐怕很多组织都很难生存。上游的政策支持如同孵化器的电力保障，没有政策支持，公益孵化就很难持续。

（三）仿生生态链下游

在落地服务方面，公益孵化园、孵化器需要把域外的社区、园区、街区的仿生服务纳入公益孵化当中，这是生态链下游载体的仿生。在园内仿生园区、街区、社区的实际环境，模拟现实中的各种社会问题与社会环境特征，以便于社会组织进入实际场景后，能够快速地适应实际工作中的要求。譬如孵化社区服务型的社会组织，孵化园需要把社区型的生态纳入园区内进行仿生，以便社会组织进入社区过程中能够更好地克服困难、适应环境。同理，孵化医务社工机构需要把医院生态纳入孵化园生态中，以便组织进入医院后能够快速地适应环境。

二、公益孵化平台的生态供应链

（一）人才供应链

公益孵化园中的社会组织很难找到发展中所需要的人才，公益孵化平台需要与高校、人力资源、专业社会组织合作，从人力资源供给，人员培训，人才成长、职业发展规划等方面提供服务，平台需要从招聘、培训、制度设计、发展规划、劳动权益保障等方面建设统一的人才供给链。

（二）技术供应链

入孵社会组织进入孵化园以后，公益孵化平台一般较多地采用培训方式教会社会组织相关技术。但是培训很难把组织的技术体系培育出来，需要公益孵化平台采取一对一咨询，手把手教练，陪伴式督导的方式建设公益孵化平台技术供应链。此外，外包型的技术研发工作，引进的技术转移工作，也应纳入园区内的技术供应链予以建设，园内应建有技术转移中心和技术研发中心。

（三）政策咨询与对接供应链

公益孵化平台需要提供政策咨询以及相关职能转移的供应链条，公益孵化园区应建设专门的政策宣讲平台、社会组织建言献策平台、职能转移对接平台，打通政社之间的供应链条。有关职能部门政策性链条、支持性链条对于公益孵化园政社合作打造起了关键的作用。

（四）组织合作供应链

公益孵化平台需要平台内建设园区内外组织合作的供应链条。很多公益孵化器只是将社会组织当作服务对象，并没有考虑社会组织自身的优势，没有考虑社会组织自身的资源，没有考虑社会组织之间相互依存、相互联系、相互促进的关系，他们之间的合作共享链条，会有力地提升公益孵化的效率。

三、公益孵化平台的生态环境

生态环境在公益领域往往比喻公益事业所处的环境，更用生态二字来比喻其内部系统性、自生性、循环性等特点。生态环境一般分为两个概念：大生境和小生境。

小生境是组织或者其他主体生存的周边环境或者行业领域所处的生态环境。大生境是组织所处的更为宏观的生态环境或者跨域、跨区交互作用的生态环境。

（一）小生境

公益孵化园在运作过程中，除了前述的人才链、技术链、政策链之外，必须把公益孵化园放到一个更大的空间当中去考察它和街区的关系，和所在区域的关系，和政府部门、高校、媒体的关系，和其他社群以及相关社会单位之间的关系，这些属于小生境关系。小生境实际上是由平台内部生态链与外部生态环境共同构成的，是内部和外部连通的环境。

小生境包括“政社、社企、社媒、校社、社社、社群、社融”七种不同的关系。一般社会组织，较难清晰地描绘出小生境中的资源体系，不能够较为准确地构建小生境的各种交换关系、支持关系、共同价值关系。因此，社会工作平台经常会因为官员变动、企业变化、社区变迁、媒体质疑而陷入困境。

要特别注意的是，小生境是可以由平台与组织共同生产而不断持续改善的，通过关系维护与项目为根生存战略，小生境可以不断地得到改善。平台可以主动去影响地方政策，建设地方社会组织体系，打造地方合作平台，塑造地方品牌项目，构建地方人才队伍，最终生成新的小生境。互构性、生产性、实践性是小生境的特点。

（二）大生境

大生境一般是由宏观的政策环境、文化环境、社会环境以及相关的市场环境组成的。在政策层面、趋势层面、文化层面、宏观经济层面深刻地影响公益的发展。一般社会工作平台与公益组织较少深入思考宏观性生态环境，也较少做大生境分析，因此在趋势预判上较不准确，在政策资源、市场资源、文化资源等方面较少能够集聚资源，较少能够影响大生境的变革。大生境一般是通过知识生产、信息传播、社会倡导等手段不断加以塑造的，社会影响力的整体建构是主要特点。社会工作平台可以通过积极宣传，建言献策等方式加以影响大生境的环境。

四、公益孵化平台的个性化生态

公益孵化通过对创业环境的仿生催生了社会组织。但是，不同的社会组织对于创业环境有不同的要求，仿生往往只能提供一种普通化的创新服务链条与相同生态链，较难满足不同组织的不同需要，更难以满足组织个性化的发展需要。

对运营公益孵化平台的第三方平台组织来说，个性化的仿生成本较高，同时从运营的角度来说，组织个性化的问题应由组织自己解决，不能都由公益孵化平台来解决。但是，对于处于发展初期的地方来说，孵化园一般都不是专项型或者靶向型的孵化园，社会组织既无能力也无财力去解决个性化的问题。而平台型组织也只能解决组织一般性的问题，组织个性化的需求需要建构个性化服务链与个性化生态链来解决。公益孵化平台如果用仿生的方法来构建个性化服务链条与生态链条，成本会大幅度上升，有多少个性化的需要就会有多少不同的链条，一般的公益孵化园基于成本供给不了这种个性化的服务。

公益孵化平台要解决这种一般与个性之间的矛盾，主要方法是进行“模块化”的组合创新服务。将一般需求模块构建成“核心模块”，将个别化需求模块构建成“个性模块”，相关配套的服务体系建成“核心服务模块”与“个性服务模块”两种，生态链建成“核心生态链”与“个性化生态链”两种。考虑到核心模块更多是与组织类型无关的管理模块，个性模块更多是与组织类型有关的内容模块，因此，公益孵化平台可以通过管理建构核心模块，针对内容建构个性模块。服务链条的核心服务模块可以改造成“管理服务模块”，个性服务模块可以改造成“技术服务模块”。基于核心模块与个性模块进行组合创新，核心模块保证一般化服务，个性模块保证个性化服务。核心模块免费，个性化模块共创。

五、公益孵化平台的循证数据生态

以往的公益孵化平台对于孵化入壳、出壳以及孵化运行极少进行数据采集、分析、挖掘以及数据跟踪服务，不能很精准地分析出同一类型的孵化器或者同一类型的孵化园在孵化过程中哪种孵化举措、哪种孵化技术、哪种孵化的运营方式更有效，更多的是凭借经验来做，这构成了今天孵化园和孵化器良莠不齐、水平参差不齐的问题。因此，在构建公益孵化平台的过程中，积极进行循证数据采集，建立适合于当地实际情况的标准化孵化技术与运营管理模式，就显得特别重要了。

就运营方式而言，把外部优势要素聚集园区中进行仿生，处于要素聚集的初级阶段，还需要通过构建生态链与生态环境的方式不断将要素组合效率加以提升，更好地促进平台的运作。更需要通过模块组合创新，去满足个性化的需要。这些都需要建立有效的循证数据库，做到精准化、精确化的服务。

通过生态视角的分析，公益孵化平台对内可以孵化出社会组织，对外可以推进经济社会发展。可以不断通过利益共同体、价值共同体、目标共同体的塑造，进一步来提升整个公益孵化平台的运营绩效，集聚资源、分工协作去实现平台的四种效应。平台化视角下的公益孵化器运营应该是设计好管理模式，通过数据有计划地计算出服务体量与服务数据，精准投放孵化服务。公益孵化平台外部要计算出解决多少就业人口，吸纳多少劳动力，解决哪些重大难题，人才链、技术链、项目链、政策链等上下游链条如何做好配套，小生境如何生成，大生境如何影响。未来的公益孵化平台不能仅仅基于孵化去运营，而应在更大的坐标系中，充分考虑公益孵化平台的延宕性特征，在促进区域经济社会发展，促进社会组织融入国家治理体系的坐标中，进行公益孵化平台的整体运营。

第四章　公益孵化平台运营

第一节　公益孵化平台的筹建

一、公益孵化平台

一般来讲公益孵化平台是非常接近基层的公益孵化基地，它解决社区实际问题的功能被提升到了一个重要的地位，这决定了它更偏向内生型社会组织的培育孵化，但是和公益孵化器不同的是，公益孵化平台往往是社区治理服务的枢纽基地和承接政府职能转移的重要平台。

公益孵化平台工作主要分为筹备阶段和运营阶段两个阶段。筹备阶段主要是指从孵化平台筹备建设到正式运营的这段时期，核心工作是对孵化平台进行定位规划，对内部空间进行功能区的划分设计，对空间软装进行文案整理、效果设计，编制孵化平台的运营手册等。运营阶段即孵化平台正式运作，开展孵化培育服务阶段，该阶段的核心工作是开展运营团队管理、社会组织培育服务，公共空间及行政后勤管理等。具体包括了团队管理体系、行政后勤管理体系、孵化培育体系、媒体宣传体系、项目评估体系五大体系的建设与管理。

公益孵化平台涉及的运营技术一般包括孵化平台定位和规划、空间功能区设计划分、社会组织孵化培育、新媒体传播架构搭建和项目评估开展等。

二、公益孵化平台的定位规划

筹建公益孵化平台的第一步工作是定位规划，明确孵化平台的定位和发展方向，界定清楚其功能服务的内容边界，这是一个公益孵化平台运营最终是否成功，并真正发挥效用的关键因素。公益孵化平台的定位一般有以下几种：

（一）社会组织孵化平台

打造社会组织孵化平台，通过为草根期、初创期的社会组织提供包括场地设备、能力建设、注册协助、治理指导、咨询服务等最急需的资源和服务，帮助其逐步成长，侧重孵化能够承接政府职能转移、聚焦街道社区治理和服务需求的社会组织。

（二）社会组织资源合作平台

1. 政社互动平台

通过公益创投、政府购买服务等方式加强社会组织与政府之间的合作，在此过程中加强与社会组织的交流，了解社会组织的发展动态，针对社会组织发展阶段的不同需求，倡导制定一系列的政策制度，支持社会组织的发展。

2. 社企互动平台

通过社企交流会、项目对接会等活动，加强社会组织与企业之间的交流，促成社会组织与企业之间的合作，打造合作平台。

3. 校社互动平台

加强社会组织与高校人才之间的交流，打造高校人才社会组织实习基地，促成高校人才资源社会组织内部转化。

4. 社媒互动平台

加强社会组织与媒体之间的合作，拓宽社会组织的宣传渠道，与媒体开展深度合作，打造社会组织品牌和公益项目品牌，促成双方共同发展。

（三）社区与社会组织人才孵化平台

聚焦社区工作人员实务能力提升、社区居民领袖骨干（或骨干）培育、社会组织管理人才进阶等焦点问题，开展系统性的培育和实训，为基层乡镇社会治理工作培养专业人才队伍。

（四）社会组织项目品牌建设平台

通过提供项目管理、规划、评估、咨询、诊断、品牌建设等一系列服务，总结归纳优秀项目的运营经验，提炼优秀社会组织的运营模式，打造社会组织项目品牌集群。

（五）社区治理与社区服务枢纽平台

一方面，公益孵化平台直接开展常态化社区公益服务，满足社区服务的需要；另一方面，通过建立社区公益服务站点，厘清服务需求清单，整合公益孵化平台内的社会组织进入社区进行集团化服务，并通过平台生态链引进外部组织（或资源）走进社区开展社区治理和社区服务，解决社区的问题，满足社区的需求。

（六）政府职能转移平台

以政府服务清单为依据，以项目化运作为手段，以建设全面公共服务体系为目标，以服务型社会组织为主体，构建政府职能转移对接平台，建立社会公益资源整合机制，推进资源流通，回应社区需求，助力社会服务管理创新。

三、公益孵化平台的空间功能

在完成公益孵化平台的定位规划后，一般基于其定位和功能对内部空间进行功能区的设计。

（一）功能区设计逻辑

1. 孵化功能逻辑

根据公益孵化平台的功能设置，按照“从低级到高级”“从简单到复杂”“从公共区域到专设区域”的逻辑来布局。

2. 参访路径逻辑

根据公益孵化平台的参访路径进行空间布局，先是“总展区”，然后是“公共区”，最后是“分属区”进行布局。

3. 技术路径逻辑

根据培育孵化技术实现路径进行空间布局。按照组织成长路径、服务供给路径、活动开展路径来布局。

（二）功能区类别

公益孵化平台的功能区设置一般有以下几种：

1. 公共接待区

一般为公益孵化平台的一楼公共大厅区域，设置前台并配有值班工作人员，用于接待参访、受理咨询。

2. 信息展示区

在基地内合适的墙面上或集中设置的区域，一般用于展示孵化平台 LOGO 及介绍、孵化理念、特色服务与品牌、培育组织风采、荣誉展示等。

3. 交流洽谈区

用于开展会议讨论、业务洽谈的区域，一般为多种规格的会议室、开放式洽谈区。

4. 培育增能区

用于给社会组织开展培训、规划、咨询、督导、诊断的区域，一般为多媒体教室、阶梯教室、培训室。

5. 组织入驻区

培育组织或入驻组织的办公区域，一般有独立办公室和联合办公区两种类型，配有办公桌椅（或办公卡位）、文件柜、网络等基本办公设施和条件。

6. 运营办公区

一般是公益孵化平台运营团队的办公室，多为独立办公室，配有办公桌椅、文件柜、网络、打印机等基本办公设施和条件。

（三）公益孵化平台的空间文案

1. 公益孵化平台主题主旨介绍

具体包括平台 LOGO、孵化平台文字简介（包括定位、核心功能、使命愿景、标语等）等内容。

2. 功能服务介绍

孵化平台各项服务的文字介绍、活动图片。

3. 培育孵化体系

具体包括孵化平台有关孵化理念、培育技术路径、培育服务供给的介绍，一般会用流程图绘制配文字的形式呈现。

4. 入驻组织信息及风采展示

培育或入驻组织的 LOGO、组织文字简介（一般包括机构全称、使命愿景、业务开展、荣誉表彰等信息）、入驻组织开展活动或服务的图片等。

5. 培育成果展示

有关获奖表彰、培育组织（项目）成果的文字介绍和数据信息。

6. 党建信息

有关孵化平台社会组织党建相关的文字和图片材料。

四、编制公益孵化平台的运营手册

编制公益孵化平台运营手册是筹备阶段的重要工作，对后期孵化平台的运营管理和服务开展起到规范、指导的作用。公益孵化平台运营手册的参考模板如下：

XXX 公益孵化平台运营手册

一、背景综述

讲述 XXX 公益孵化平台建立的背景，包括政策趋势、行业发展、属地街道需求等，介绍孵化平台使命愿景、功能定位等基本信息。

二、需求响应

需求响应部分主要分为两个内容模块：一是明确孵化平台服务对象，分类描述其基本特征、数量等；二是针对不同服务对象再分层逐条描述其需求内容。

（提示：服务对象需求并不是要全部响应，孵化平台应该结合自身的使命功能和年度工作重点，优先选择响应核心需求。）

三、运营目标

描述公益孵化平台年度或者阶段（短期或中长期）的运营目标，表述清楚拟通过提供或开展什么样的服务或产品，产生什么样的行业效益和社会效益。

四、指标设置

针对运营目标的内容，设置运营指标用于衡量目标达成。指标分为量化指标和成效指标。量化指标一般衡量运营内容完成情况，例如“开展多少场培训，累计培训人次达到多少”“市级媒体宣传报道多少次”。成效指标一般衡量运营内容产生的成果与效益，例如“通过开展一对一组织督导，帮助产出两个社区治理服务案例”“培育组织出壳率达到 90% 以上”。

五、运营策略与路径

公益孵化平台的运营策略是指结合需求和运营目标，运营方依据自身能力与积聚资源的可能性判断实现运营目标的可能性，并对应制定出相应的工作方法。简单来说，就是在运营周期内，为实现运营目标而采取的手段、资源、方法的集合。

六、服务内容及方案

服务内容和方案分为三个内容模块：一是拟开展的服务内容大类和具体事项；二是年度工作计划（或者甘特图）；三是具体内容的实施方案，方案应该统一格式，包括具体的操作流程、内容、表单、工具等。

七、平台管理

描述公益孵化平台的基本管理事项、管理制度、管理表单等，一般包括运营团队管理、入驻组织管理、公共空间使用管理、行政后勤服务管理等。

八、相关附件

添加运营手册附件资料，一般为管理制度、工具表单等。

第二节　公益孵化平台的运营体系

一、团队管理体系

公益孵化平台团队管理体系是基地运营方各项团队管理事项和内容的集合，主要包括运营方职责和能力、运营团队岗位设置、运营团队考勤、运营团队能力建设、运营团队沟通管理、运营团队服务呈报、运营团队档案管理等。

二、运营管理体系

公益孵化平台的运营方大多是政府购买服务的社会组织。运营方的主要职责就是履行政府购买服务合同，完成合同里所规定的服务事项内容，达到运营预期成效。

结合公益孵化平台的工作要求，运营方应当组建运营团队并进行岗位设置，明确岗位职能。一般运营团队中有以下岗位角色：

（一）运营主管

运营主管是公益孵化平台的运营负责人，统筹所有的基地运营工作。一般有以下几项职能：负责管理运营团队，保证团队稳定、高效地完成运营工作；负责拆解工作内容，制订运营计划及实施方案，统筹、安排并推进落实工作；负责运营基地空间管理（根据实际需要，可负责物业管理）；负责把控项目进度和质量，处理项目突发风险问题；负责相关方建联工作，定期与领导单位反馈、沟通工作；负责运营基地的品牌建设与推广，持续提升孵化平台的形象及影响力。

（二）运营专员

运营专员是公益孵化平台各项服务开展的主要执行人员，一般有以下几项职能：实施开展公益孵化平台的各项服务及活动；负责开展公益孵化平台的日常行政后勤工作；协助运营主管开展基地空间管理和品牌建设工作；完成运营主管直接安排的其他工作。

（三）项目财务

项目财务是专项负责公益孵化平台财务工作的人员，一般有以下几项职能：完成公益孵化平台的项目财务工作，制作相关财务报表；定期向运营主管汇报项目资金收支情况，警示相关财务风险并给予防控建议；完成运营主管直接安排的其他工作。

（四）运营督导

运营督导一般是给予运营团队能力建设、心理辅导、工作指导的专家。一般有以下几项职能：

对运营团队阶段性的工作给予督导建议，提出优化方案；对运营团队成员开展能力建设，提升运营团队的专业能力和业务能力；对有需要的运营团队成员，进行心理辅导的介入。

（五）运营团队考勤

运营团队考勤是对运营团队在日常工作期间的出勤情况进行记录考评。该项工作一般由运营主管负责，制定相关考勤规定及细则，包括日常上下班打卡、请假审批等内容，由团队成员共同遵守执行。

（六）运营团队能力建设

运营团队能力建设是指为了提升运营团队的专业素质和业务能力，推动孵化平台运营工作顺利开展，保障孵化平台运营成效，而针对团队成员开展的一系列能力提升的建设工作。形式一般包括培训、督导等。

（七）运营团队沟通管理

运营团队沟通管理一般由运营主管牵头负责，明确关键沟通对象及主要内容。一般分为两类：

一是运营团队内部沟通，主要侧重运营工作管理。运营主管须结合“周清制”“月清制”等进度管理举措，以及其他沟通过程，形成团队内部沟通机制及沟通计划。

二是外部利益相关方沟通，主要侧重节点反馈、解惑答疑、诉求回应等。项目负责人须在运营合同履约的首月内，结合运营工作实际，形成定期沟通与机动反馈相结合的沟通机制和沟通计划（一般是向基地主管单位进行定期的运营工作反馈及汇报）。

与此同时，运营主管须在运营工作开展的首月内借助团队例会等方式向团队成员明确运营沟通计划，并在后期项目执行中以月为周期常态开展沟通规划工作。

（八）运营团队服务呈报

运营主管向公益孵化平台主管单位定期反馈、汇报孵化平台的运营工作开展情况及服务成效。

（九）运营团队档案管理

运营团队对公益孵化平台运营过程中产生的资料文件、信息图片进行分类、归纳、整理、建档、保存，便于查阅。档案内容一般包括以下几类：一是运营团队管理痕迹材料，包括会议记录、培训记录、考勤表单等；二是孵化平台活动服务开展的痕迹材料，包括活动记录、活动照片、新闻稿、视频、宣传册等；三是孵化平台行政后勤管理的痕迹材料，包括各类申请表、登记表等。

三、行政后勤管理体系

（一）行政后勤管理体系

公益孵化平台的行政后勤管理体系主要包括行政服务和后勤服务。行政服务主要有参访接待、物品代收、入驻组织管理、场地使用管理等内容，后勤服务主要是后勤管理，涉及基地物业服务、设施维护等内容。

（二）参访接待

公益孵化平台不仅是培育孵化的工作场地，也是对外经验交流、宣传展示的综合平台。运营团队一般在孵化平台公共接待区（一般为一楼大厅）设置前台，安排专员负责前台工作，接待参访，回应日常咨询。

（三）物品代收

负责快递收发管理，报纸、杂志、函件订阅发送管理工作。

（四）文书资料管理

文书是指业务工作上往来公文、报告会议决议、制度规定、合同书、图表参考书等一切业务用书与公文。运营团队应当对在基地运营过程中产生的文书资料进行有效管理。

（五）入驻组织管理

运营团队对培育组织进行入驻管理，主要包括：

（1）对入驻组织开展日常工作考勤。

（2）对入驻组织借用、使用孵化平台公共场地进行管理。

（3）对入驻组织借用、使用物资及设备进行管理。

（4）对入驻组织公共前台轮值进行规定安排。

（5）对入驻组织开展定期联席会议，了解入驻组织动态（包括工作计划、活动报道等），传达交流相关信息。

（六）场地管理

运营团队制定公益孵化平台公共场地的管理规定，以及公共场地的借用、检查、安排等，提高场地的使用效率。

（七）后勤管理

运营团队需要制定公益孵化平台后勤管理的岗位职责和相关制度。后勤岗位职责一般包括：

（1）负责保卫工作管理制度的拟订、检查、监督、控制和执行。

（2）负责组织编制年、月度后勤、保卫工作计划。本着合理节约的原则，编制年、季、月度后勤用款计划，搞好行政后勤结算工作，并组织有计划地实施和检查。

（3）负责做好孵化平台运作用水、用电管理工作。认真抓好水、电的计量基础管理工作，定期检查维修计量具，抓好电气设备和路线的保养维修工作，加强用水、电费用核算，及时缴纳水、电费。

（4）负责孵化平台通信、网络设备的维修维护。

（5）负责孵化平台内部治安管理工作。维护内部治安秩序，搞好治安综合治理，预防犯罪和治安灾害事故的发生，保护孵化平台财产安全，确保各部门工作的顺利进行。

（7）负责孵化平台停车管理工作。制定停车管理制度，规范停车场所，维护停车秩序。

（8）负责孵化平台公共区域花草树木的管理、浇水、换水、维护等工作，及时登记花草树木的存活状态。

（9）物业等其他事务视具体情况而定。

四、孵化培育体系

（一）组织招募

组织招募主要有目标对象定位、撰写招募公告、发布招募公告、发动组织申报四个环节的工作内容。

1. 目标对象定位

目标对象定位是根据孵化平台的定位规划，限定入驻社会组织特征的工作。该环节重点要做好对目标对象的描述，包括目标对象的特征、状态等，例如组织发展期、注册地要求、业务范围。另外，目标对象群体的描述应该与孵化平台自身的定位一致。

2. 撰写招募公告

入驻组织招募公告主要包括公益孵化平台的简介、定位、规划、招募对象、服务内容、时间节点、申请条件、招募流程、申请方式、联系方式等关键内容，确保有意向并且符合资格的社会组织能够有效地申请入驻。

3. 发布招募公告

发布招募公告主要是做好信息发布。信息发布要遵循多渠道、权威性、由点到线及面全面铺开的原则。

招募公告一般由主管单位在官方渠道先进行发布，例如民政官网、社会组织信息网站等，运营方可在非官方渠道进行发布，予以配合，例如微信公众号、QQ 平台。

4. 发动组织申报

发动组织主要是做好社会组织动员工作，此项工作是在信息发布充分的基础上开展起来。组织动员的方式一般是面向社会组织开展招募宣讲会、设置咨询答疑专线电话等。

（二）入驻评审

入驻评审环节主要有入驻申报、申报受理、组织评审、入驻公示四个环节的工作内容。

1. 入驻申报

入驻申报主要是指符合申报条件的社会组织根据入驻招募公告的要求提交

入驻申请资料的过程。在此环节工作中，运营方重点要做好申报资料的接收与解读工作，必要时可以开展申报培训工作。申报培训的目的在于规范社会组织申请入驻的方式方法，避免因申报资料不全导致申报工作延迟等问题。

2. 申报受理

申报受理是指运营方对有入驻意向的社会组织所提交的入驻申报资料进行接收、初步审核的过程。在此环节重点要做好申报资料的初步审核工作，运营方针对提交的申请资料进行初步的检查与核实，避免出现因资料缺失而影响后期评审工作的开展。

3. 组织评审

评审是对申请入驻的社会组织评审的过程。由运营方依据评估需求，组建专家评审团队对入驻组织进行评审。专家评审团队一般包括主管单位领导、社会组织领域专家、高校相关领域的学者专家、运营方代表等。评审方式一般为现场评审。另外，此环节重点要关注评审指标内容与权重的分配等问题。

4. 入驻公示

入驻公示主要是将入驻组织评审的结果予以社会公示，接受社会监督，主要是通过挂网、公告等形式。运营方将入驻组织评审结果拟文呈报主管单位，审核无误后进行公示，公示时间一般不少于 7 个工作日。

（三）入驻签约

入驻签约主要是主管单位（或孵化平台）、入驻组织双方以合同约定的形式进行服务授权和服务委托，合同将规定双方的权利、义务以及惩戒措施，确保培育孵化工作的顺利开展。入驻签约主要包括制定签约方案及合同、发布签约通知、开展签约仪式三个环节的工作内容。

1. 制定方案协议

运营方拟定签约仪式方案及入驻协议，呈报主管单位进行审定。

2. 发布签约通知

入驻评审结果公示结束后，运营方筹备开展签约仪式，并向入驻组织发出通知，参与入驻组织签约。

3. 开展签约仪式

运营方开展签约仪式活动，做好场内场外控制，签约资料存档备案等工作。

（四）培育孵化

入驻组织进驻到公益孵化平台后，运营方将针对入驻组织开展一系列的培育孵化工作，主要有制订培育大纲、能力建设服务、督导诊断服务、法务财务咨询、资源拓展对接五项重点内容。

1. 制订培育大纲

运营方在了解入驻组织发展水平、能力素质的基础上，针对入驻组织的需求情况制订个性化的培育大纲，帮助入驻组织更有效地成长。该环节工作，运营方首先邀请相关领域专家对入驻组织开展一对一诊断服务，了解组织使命愿景、发展方向、项目情况、团队情况、财务情况等基本信息，并给予培育孵化的建议；其次，运营方结合专家诊断的结果和建议完成个性化培育大纲；最后，和培育组织就培育大纲内容达成共识，并共同推进实施。

2. 能力建设服务

能力建设服务主要包括运营方开展的一系列有关理论知识、方法技巧、案例学习的培训。能力建设服务的内容一般包括项目管理、项目设计、组织管理、财务管理、志愿者管理、有关政策学习、业务案例解读等，具体形式包括工作坊、讲座等。

3. 督导诊断服务

督导诊断服务一般针对有个性需求的培育组织开展，服务形式多为一对一。督导主要是对培育组织已经明确的问题或需求进行指导，诊断一般是通过对培育组织的交流征询，发现和总结培育组织现阶段所有的问题和风险。

4. 法务财务咨询

运营方针对培育组织的具体需求，提供法务、财务方面的服务支持，由运营方邀请社会组织法律、财务方面的专家来提供相关服务。

5. 资源拓展对接

运营方针对培育组织的具体资源需求，帮助其对接或拓展相关资源。一般资源包括资金资源（基金会、企业等）、社区资源、人力资源（专家、讲师等）。

（五）出壳评估

运营方针对入驻期满的社会组织开展出壳评估工作，主要评估培育组织的成长成效，判断入驻组织是否达到出壳标准。该环节主要有制定评估方案、实施出壳评估、出壳评估结果公示三项内容。

1. 制定评估方案

运营方制定评估方案及评估指标，呈报主管单位审定后实施。评估方案主要对评估目的、评估范围、评估依据、评估主体、评估内容、评估流程等内容予以基本设定，确保组织评估成效。

2. 实施出壳评估

运营方发布出壳评估通知，制定评估执行方案，组建专家评估团队，开展现场出壳评估活动。专家评估团队一般由主管单位领导、运营方负责人、社会组织领域专家、高校相关领域专家组成。在评估前，视情况需要可展开评估说明会，帮助入驻组织了解评估的目的、流程、内容，协助入驻组织做好评估筹备工作，尤其是相关评估材料的准备。

3. 出壳结果公示

出壳结果公示主要是将入驻组织的出壳评估结果予以社会公示，接受社会监督，主要是通过挂网、公告等形式。运营方将出壳评估结果拟文呈报主管单位，审核无误后进行公示，公示时间一般不少于 7 个工作日。

公示结束后，入驻组织限期搬离开公益孵化平台，运营方与入驻组织进行房间钥匙、办公设备、办公物品等事项的交接确认。

五、项目评估体系

结合公益孵化平台的实际功能和属地需求情况，运营方往往也需要负责所在区域的政府购买社会组织服务的评估工作。

（一）评估准备

在评估准备环节，运营方主要完成编制评估方案、组建，培训评估工作团队、组建评估委员会、准备评估材料及场地设备。

1. 编制评估方案

运营方根据评估项目的类型、特征编制项目评估方案及评估指标，并呈报服务项目购买部门审定确认。

2. 组建、培训评估工作团队

运营方组建项目评估工作团队，并对工作团队进行评估工作事项的培训。

3. 组建评估委员会

运营方结合评估项目的具体类型和要求，邀请符合条件的专家组建评估委员会。如果涉及项目财务评估，还应该邀请具有社会组织财务经验的财务专家参与评估。

4. 准备评估材料及场地设备

运营方依据项目评估的要求，选择合适的评估场地，准备评估材料和相关评估设备。评估材料一般包括参评项目书及预算表、组织提交的项目评估资料、专家打分表等。评估设备一般包括电脑、投影仪、录音笔等。

（二）评估通知

与主办方确认后，运营方发布评估通知，确保每个项目方都收到项目评估的信息。

（三）评估培训

在正式评估开始之前，运营方可组织项目方开展评估培训，主要是向项目方介绍评估背景及目的、评估时间和地点、评估内容、评估流程、得分规则、评估提交材料准备等关键事项，帮助项目方更好地准备项目评估，提高评估成效。

（四）满意度测评

运营方依据项目方提供的服务对象名单和联系方式，对服务对象进行项目满意度测评。除此之外，也测评项目的落地方（多为社区、学校）、合作机构的满意度情况。满意度测评一般采用电话或者电子问卷发放的形式，可结合实际情况灵活调整。

（五）现场评估答辩

运营方制定现场评估执行方案并实施评估工作。现场评估答辩流程一般分为组织汇报、专家提问、材料核查三个环节。现场答辩一般进行录音或录像留证，现场答辩记录由专家和项目方签字。

1. 项目方汇报

项目方可使用 PPT 进行汇报展示，内容包括项目实施过程、项目成效、社会影响、可持续性等。

2. 专家提问

评估专家就项目运作情况，提出两三个问题，项目方予以回答。

3. 材料核查

一般由运营方工作人员现场核查项目实施过程中的档案材料，包括项目实施计划、项目变更资料、项目节点文件、项目活动档案资料、项目督导记录等。财务专家核查项目财务资料（项目周期内的月度收支表，与之相对应的记账凭证和原始票据凭证），抽取 1 个月的档案材料和 1 个月的财务进行比对，比对要点有时间、人数、人员补贴类型和金额、活动类型等。

（六）结果公示

结果公示是指对参评项目的评估得分进行统计和分析，并将得分结果呈报主办方审定，最终确认后进行公示，公示时间不少于 7 个工作日。

第三节　公益孵化平台技术体系

公益孵化平台技术体系是指孵化器为降低公益组织创业失败风险、加快公益组织成长进度而提供的相关孵化服务。适用范围主要为省级、市级、区级、街道级和社区级孵化器。

一、省级孵化器

（一）定位

省级孵化器的基本功能是共联、共建、共享功能，功能实现依靠以下定位：

1. 总部孵化器

省级公益孵化器通过盘活全省社会创新的存量资产、建设人才队伍、落实服务项目、培育优质社会组织、搭建引领型平台，推动标准化建设以及政策供给，建构起全省社会组织新格局，发挥示范、引领、带动、规范、发展的作用。

2. 孵化器的孵化器

省级孵化器肩负着推动全省孵化器标准化建设的历史使命，需要承担起规范市级、区县级、街道级、社区级公益孵化器发展，提供标准化建设体系，进行功能定位，提供软硬件匹配设计及其他配套服务的重任。

3. 全省社会组织资源投放平台

省级公益孵化器通过优化外部资源，提高全省社会组织的资源享受水平和拥有水平，推动全省社会组织服务水平的快速提升。

4. 加速器

省级公益孵化器通过搭建研发平台、融资平台、HR人才供给平台和网络推广平台，实现全省社会组织的加速发展与转化，发挥起示范带领作用。未来，省级公益孵化器会从综合性社会组织培育逐步过渡成全省社会组织领军人才和专项人才的培育、从项目的简单标准化培育发展成品牌项目标准化的培育、从初创期组织的培育转化成行业标杆引领型组织的培育。

（二）功能

1. 盘活社会创新存量资产

一般情况下，省一级平台会在公益孵化基地运营、持续的专题公益创投、持续的社会组织、社工等多类公益人才的专项培训，持续地推广、复制项目的基础上，形成“人才队伍强、服务项目实、组织培育先、平台引领高”的孵化培育特色。省一级平台会拥有大量社会组织、社工项目、社工人才及其他平台，如何盘活这批社会创新的存量资产是孵化平台的定位坐标之一。

2. 系统性进行孵化器的建设工作

随着孵化培育的不断深入，目前出现了社会工作机构综合能力发展不平衡的情况，涌现出了一批高成长组织，但也存在着大批草根萌芽型待孵化的社会组织；在省级孵化平台的引领带动下，各层级的孵化平台都能取得一定成效，需要保证公益孵化平台孵化全生态、全系统性地成长。系统性地进行社会组织培育创新工作，应对发展不均衡的社会组织形态，是省级孵化平台定位坐标之二。

3. 建立省级统筹发展平台

在社会治理的大格局上，统筹各级公益孵化平台，制定统一发展规划，实现系统化、可持续的发展。

（三）实施战略

建立“两器并存、创新深化”的社会工作机构孵化新格局，对孵化平台的功能进行优化升级。

1. 社会组织加速器的创新服务

省一级平台往往培育的是高成长龙头组织，体现在对于服务质量要求更高、服务内容更加丰富、服务能力更强、服务方式更加个性化之中，更类似于加速器。加速器的主要任务是帮助成长期的社会工作机构扩大规模、提升速度、拓展市场。加速器提供以下服务：

（1）发展型四大服务平台：研发平台、融资平台、HR 平台、网络平台。

（2）延伸型五大平台服务：商务服务、法律服务、展会服务、信息服务、财务服务。

2. 社会工作孵化平台的深化服务

围绕社会组织实际情况，建设总部孵化器，沿着社会组织孵化与孵化器的孵化器两条路径向前发展。

（1）建设孵化器的孵化器。针对市、区、街、社区社会组织培育体系，培育孵化各级孵化器。制定各级培育体系孵化标准，建设孵化器的全生态链条，建设区域总部基地，聚集优势行业资源，发挥标杆优势。

（2）深化“四位一体”的基本孵化格局。人才层面，由综合性社会组织承担，培育专项型社会组织人才队伍；项目层面，立足于标准化建设，提升购买服务项目的标准化水平；组织层面，重点促进基层孵化平台，培育社区社会组织；平台层面，促进基层平台由传统溢出型孵化培育平台转化成为培育公益投资人、公益领军人的平台。

（四）服务对象

1. 加速对象

加速器所服务对象以高成长性社会组织为主。这批组织需要经过技术筛选得出，包含通过孵化平台出壳评估的组织、公益创投经验丰富的优秀组织等。

2. 孵化对象

孵化器的孵化对象为各级孵化器或服务中心、社区枢纽型社会组织、初创的生态型社会组织、其他平台型社会组织等。

（五）服务内容

1. 加速器的创新工程

（1）四大平台搭建

研发平台（项目创新研发中枢平台）：为高成长社会组织提供项目再优化服务，为枢纽型社会组织提供标准制定服务，为专业性社会组织提供专利申请服务，为平台型社会组织提供社企跨界合作的企划服务，为发展期社会组织提供项目品牌塑造服务。

融资平台（五位一体的对接筹资服务平台）：社区惠民资金购买服务的对接服务、政府采购公共服务的对接服务、企业社会责任外包的对接服务、基金会资金与社会众筹劝募的对接服务、社群或行业协会创业的对接服务。

HR平台（社会创新人才的供给与发展平台）：重点培养社会组织筹资人才、社会组织战略规划人才、社会组织市场拓展人才、提供全面的人才规划和员工职业生涯规划服务。

网络平台（提供多层次的社会市场网络建设平台）：搭建与政府、社区、企业的点对点投送服务、周期性发起公益项目推介会、联合发起媒体公益推广活动。

（2）五类商务拓展服务

商务服务：提供品牌化和产品化设计服务、项目商业企划撰写服务、融资方案设计服务、组织战略规划服务；法律服务：提供全面的法律咨询服务，比如知识产权问题、投融资合法性问题、国外资金风险问题等；展会服务：推荐介绍、协助组织参加国内国际不同规格的展览展会，提升组织品牌的影响力；信息服务：为高成长组织提供高时效性的“一对一”信息定制服务，通过展示板、快报、自媒体、邮件等多种形式快速送达；财务服务：全面的财务规划服务、组织财务风险提示服务、审计咨询服务。

2. 孵化器的深化工程

孵化器的孵化器建设。

总部基地建设：构建区域总部基地，制定区域社会组织孵化培育体系的孵化标准；管理咨询服务：提供对各级孵化器的咨询服务；重点专项型人才培养：重点培养社会组织专项人才（助残、司法等专项领域）；社区社会组织人才和草根领袖；搭建公益项目推广平台：制定社区服务项目购买标准化模式；通过公益项目成果转化会、媒体公益季、项目推介展会等方式来促进公益项目推广。公益投资人平台：以大型展会为手段，搭建公益投资人联盟，打通公益组织的筹融资渠道，为高成长组织提供财务规划服务、组织财务风险提示服务、审计咨询服务等。

二、市级孵化器

（一）定位

1. 孵化器的孵化器

针对市级、街道、社区三级社会组织培育体系，培育孵化各级孵化器。制定各级培育体系孵化标准，建设孵化器的全生态链条，建设区域总部基地，聚集优势行业资源，发挥标杆优势。

2. 枢纽型社会组织孵化器

服务各条线部门的枢纽型社会组织，围绕枢纽型社会组织“战略规划方向、指引管理作用、组织服务能力、社群体系建设”四个方面展开整体性孵化服务。

3. 区域性社会组织总部

实现社会组织总部基地研发、推广、人才、生态四大功能。

（1）社会组织总部研发功能：研发适合本土社会组织的项目、人才、组织、平台建设标准。配套研发萌芽期组织标准孵化服务，研发初创期组织标准化能力建设服务，研发发展型组织标准化规划咨询服务，研发成熟性组织标准化资源链接服务。

（2）社会组织总部人才成长功能：打造市级社会组织人才供给、培训、创业基地。与省内高校密切配合，建设“高校公益人才创业基地”“实训基地”“人才供给基地”，实现社会组织总部人才基地功能。

（3）社会组织总部生态营造功能：打造本土“顶天立地”式的社会组织成长生态。“顶天”即进行社会组织发展的顶层设计，制定适宜政策，树立标杆，引导趋势、搭建平台、聚集资源；“立地”即进行社会组织服务的落地设计，激活社区群众参与社区治理，推进社区联动，搭建服务落地平台等。

（4）社会组织总部推广功能：通过政社、社企、社媒、校社、社群、社社、社融7个平台，打造社会组织标杆示范功能：逐步完善服务体系，深化服务功能开发，打造社会组织品牌项目，全面推进社会组织服务示范功能。政府职能转移示范引导功能：承办政府公益创投、招投标，提升社会组织承接政府职能的能力；为政府面对社会组织的采购提供督导与监管，实现政府公共服务职能的有效开展。企业社会责任承接示范功能：开展针对企业内部员工、社区外来人员的公益服务，增强企业文化的黏性，降低企业的人力等成本，实现企业社会责任的本土转化。

4. 区域性社会组织社会创新中心、品牌中心

通过对社会组织培育体系、服务体系等进行系统性创新，围绕社会组织培育中的难点、痛点、燃点进行挑战性创新，对社会组织发展的“法务、财务、商务、技务、群务”进行突破性创新，通过创新树立区域性社会组织创新品牌。

（二）实施战略

1. 品牌战略

重点打造具有引领示范作用的社会组织、人才团队、公益项目，树立行业标杆。

2. 生态战略

打造本土的政社、社企、社群、社媒、校社、社社平台，融通社群，打造资源汇集型生态平台。

3. 标准化战略

实现公益成果、公益服务的标准化与规范化，逐步实现标准化复制与规范化推广。

4. 招贤引智战略

积极实体引进，虚拟引进人才等社会组织发展的关键性要素，实现社会组织建设水平的跨越式发展。

（三）服务对象

1. 各枢纽型社会组织

辖区内已有的社会组织；亟须建立或引进的社会组织；引领性、示范性、标杆性社会组织的总部组织。

2. 各职能转移部门

民政部门与其他面向社会组织进行职能转移的部门。

3. 各县区、街道、社区孵化器

汇集社区居民需求，承接服务中心各项社会组织公益服务职能的各级孵化器。

4. 公益服务与项目

社会需求的公益服务与项目。

5. 企业

有企业社会责任需求的企业。

（四）服务内容

1. 孵化器的孵化器建设工程

制定三级孵化基地培育孵化标准，并针对一个培育基地进行示范规划，建设孵化器的全生态链条，建设区域总部基地。聚集优势行业资源，发挥标杆优势，梳理社会需求，促进本土已有的社会组织成长，促进本土急需的社会组织落地、发展。结合本土实际需求，全面、系统地实施社会组织孵化工作。

2. 社会组织人才建设工程

为入驻孵化园的各种类型、各种成长阶段的社会组织人才，提供包括管理力、团队力、设计力、创新力、筹款力、耐挫力、规划力、领导力等在内“八力体系”培训，打造公益创业的中坚力量和领军人物。

3. 枢纽型社会组织孵化工程

为枢纽型社会组织提供战略规划能力、管理规范能力、项目标准化体系建设能力、社群体系建设能力等四个方面能力，做整体性服务孵化，研发适合枢纽型社会组织发展的建设标准、服务标准、管理标准。

4. 专业标准化建设工程

建立三级平台上下联动机制，促进公益资源有效流动，推动公益机构形成合作伙伴关系。通过专业领域标准化建设，实现政府购买服务的标准化，开展公益项目推介会，制定孵化园日常服务标准化体系，制定标准化管理制度格式文本。

5. 园区行政后勤管理标准化建设与服务

为孵化园入孵组织提供公共服务，不断通过完善孵化园公共事务管理制度，积极开发孵化园公共资源，提升公共管理服务水平，做好服务中心接待；积极建设机构内部自治体制，以机构联席会议形式促进机构之间的沟通，共商园区发展大事；做好服务中心基本保障服务，加强入驻机构与物业部门的联系，做好公共空间的维护工作。

6. 社会组织生态系统建设工程

举办具有参与性、娱乐性、创新性的公益嘉年华活动，通过公益文化展示、创意公益体验、公益产品推广等形式，吸引普通公众感受公益、参与公益。打造社企合作典型项目，建立高校实践基地，定期举办伙伴日活动，邀请公益伙伴进入园区进行公益体验。

三、区级孵化器

（一）定位

1. 社会组织枢纽中心

打造区级社会组织枢纽平台，通过为处于初创期、成长期的公益类社会组织（包括志愿者组织枢纽）提供包括场地设备、能力建设、小额补贴、注册协助、治理指导和咨询服务等最急需的资源和服务，帮助其逐步成长，并合法注册。

2. 社会组织合作平台

政社互动平台：通过公益创投、政府购买服务，加强社会组织与政府间的合作，加强与社会组织的交流，了解社会组织的发展动态，针对社会组织的发展需求，制定一系列的政策，支持社会组织发展。

社企互动平台：通过社企交流会、项目对接会，加强社会组织与企业间的交流，促成社会组织与企业之间的合作，打造合作平台。

校社互动平台：加强社会组织与高校人才之间的交流，打造高校人才社会组织实习基地，促成高校人才资源在社会组织内部转化。

社媒互动平台：通过促成社会组织与媒体之间开展合作，拓宽社会组织的宣传渠道，与媒体展开深度合作，促成双方共同发展。

社区公益服务试点基地。一方面，通过公益伙伴日、公益嘉年华等活动，推进孵化园公益服务开展，使社会服务常态化、机制化；另一方面，通过社区公益服务站点，打造社区公益服务平台，让社会组织走进社区开展社区服务，发掘、发展社区社会组织，以社区公益服务造福社区居民。

3.“靶向型”孵化器

区县级孵化器通过政府政策引领、高校智力支持、社会力量兴办、专业团队管理、政府全程监督、社会公众受益、外部资源集聚等七项战略举措，集中辖区内有限的社会组织力量去解决焦点问题。

培训支持功能。区县级孵化器需要整合辖区培训资源，发挥好辖区行业教育培训的功能。

督导支持功能。区县级孵化器应当基于组织发展问题现状，整合督导资源，建设督导队伍，适时给予组织发展相关的督导支持。

资源汇集与存量资产盘活功能。区县级孵化器需要整合辖区资源，集中有限的社会组织力量，打造组织间不同的合作形式和互动形式，形成集群发展模式。

（二）实施战略

政府政策引领：政府为社会组织发展提供宽松而规范的政策环境。

高校智力支持：高校为社会组织发展提供管理知识、项目设计和执行能力等智力支持。

社会力量兴办：引入民间力量兴办各类服务性、公益性社会组织。

专业团队管理：委托专业化的社会组织培育与发展机构管理。

政府全程监督：政府、媒体、公众全程监督社会组织成长发展。

社会公众受益：社会组织提供的多元化、专业化、个性化的服务提升公众的社会福利水平。

（三）服务对象

1. 各发展期社会组织

辖区内已有的社会组织；亟须建立或引进的社会组织；引领性、示范性、标杆性社会组织的总部组织。

2. 各初创期社会组织

辖区内已有的社会组织，需要改善内部治理、提升服务能力的社会组织。

3. 部分萌芽期社会组织

辖区内部分处在萌芽期的社会组织具有一定发展潜力，未来可以成为专业服务组织的组织。

4. 部分社区社会组织

辖区内部分社区社会组织，能够服务辖区居民，可以孵化成为社区社会组织标杆的组织。

5. 公益服务与项目

社会急需的公益服务项目。

（四）服务内容

1. 社会组织孵化培育

通过入壳孵化模式，提供硬件设施和软件服务，对处在成长过程中的社会组织进行系统的培育和扶持，提供组织公益咨询、登记注册辅助、财务托管等服务，促进其实现持续健康发展，为社会组织提供优质服务。

2. 社会组织能力提升、人才建设

邀请专家教授和社会组织管理资深人士为社会组织从业人员提供系统培训，帮助社会组织改善管理，提升能力和组织绩效，提高社会组织整体水平。通过有计划、针对性地对包括入驻社会组织在内的各类社会组织及其负责人进行专题培训和实务拓展，提升公益从业人员的项目策划能力、组织管理能力、资金募集能力等，打造公益创业的中坚力量和领军人物。

3. 提供管理咨询服务

为入驻孵化园的社会组织的创始人或创业团队提供组织管理、战略规划等咨询，并提供一揽子解决方案。

4. 社区公益平台服务示范站点

通过前期社区走访，需求调研，有计划地打造 5 个社区公益示范驿站，通过社区公益平台，为社区组织提供服务平台，助力街道、社区公益事业的发展。

5. 资源集成建设

举办具有参与性、娱乐性、创新性的公益嘉年华活动，通过公益文化展示、创意公益体验、公益产品推广等形式，吸引普通公众感受公益、参与公益。

四、街道级孵化器

（一）定位

1. 基层社区治理枢纽基地

街道级孵化器通过党建来引领方向，通过交换服务来促进当地互助和自助服务提升，通过志愿服务促进群众参与，通过社工解决特殊群体和困难群体的困境问题，通过商业服务生活圈建设解决服务增值问题，通过公益资源的汇集与供给等实现综合治理服务体系的打造。

2. 社会资源供给基地

对于街道而言，社会组织的数量相对有限，外来组织也有着极大的流失风险，唯有培育出内生性组织才能实现持续的基层治理创新，需要针对内生性的社会组织做专项的社会资源供给。

3. 政府职能转移和接收平台

街道级孵化器通过政社之间的协作，将多条政府条线部门的职能转移到孵化器中，孵化器通过引进外部组织或培育内生性组织来提高政府的公共服务水平和管理水平。

4. 民生服务基地

街道级孵化器在孵化培育民生型、服务型社会组织方面发挥着举足轻重的作用，特别是部分服务岗位对劳动力素质和年龄要求都不高，可有效解决下岗及失业人员的再就业问题，凸显出街道孵化器在民生服务方面的基础性公益作用。

5. 基础服务数据库

以满足群众需求为目标，重在建立群众基本需求服务数据库，社区服务项目库，社会组织、企业等服务主体数据库。打造三社联动整体运作平台，破解三社联动的工作难题，推动三社联动的整体工作。以党建为引领、以群建为途径、以社建为手段，将党建、群建、社建的人才、项目、组织、服务标准纳入平台进行一体化建设，并且以社区创业的方式，创益服务的手段，进行集成创新。

6. 基层组织培育与人才培养基地

将社区社会组织培育、社区建设人才培养、社区基本服务构建、社区社会治理融合为一体，将公益孵化平台组织培育1.0版本、人才建设2.0版本、项目建构3.0版本、社区治理4.0版本这些有着递进关系的服务板块，进行有机的链接，通过这些板块内容的递进链接，打造整体链条服务。

（二）实施战略

1. 以项目化为中心推进三联联动新机制

第一步是构建三联联动项目化运作载体：社区居民三评：评需求、评项目、评绩效；社会组织三议：服务提议、事务商议、政务参议；居委会三协同：评审协同、监管协同、验收协同。

第二步是构建三社联动的五项基本制度：需求征集制度、民主决策制度、多元参与与服务对接制度、监督评估制度、资源保障制度。

2. 居民参与社区治理

重点是开展居民自治三联动项目化试点工作。“民事、民议、民决、民办”，旨在通过此项工作，进一步推进建立“党建引领、民主协商、项目运作、协同共治”的社区治理新机制。

（三）服务对象

街道内社会组织、社区社会工作者、街道内党员群体、街道内居民。

（四）服务内容

1. 培育社区社会组织

通过遴选、评估与培育社区社会组织，提升社区社会组织的内部治理能力与外部服务能力，为辖区内居民提供更加优质的服务。

2. 社区人才培育

通过社区社会工作者培育、社区党员先锋队等，培育社区人才。

3. 完善社区服务体系

通过调研、观察、分析，完善辖区内社区服务体系建设，为有需要的居民提供服务。

五、社区级孵化器

（一）定位

1. 社区治理创新基地

社区级孵化器通过完善社区治理结构，厘清政府与社区的职能边界和工作关系，切实减轻社区工作负担，形成“两轮多元、协商治理、强化自治、智慧服务”的社区治理格局，促使社区居委会自治更有力，职能部门管理更规范，社会工作服务更专业，社会力量参与更广泛，把社区建设成为服务完善、管理民主、充满活力、和谐幸福的社会生活共同体。

2. 居民参与社区治理实践基地

社区级孵化器通过挖掘居民需求，以需求为切入点，建设社区服务体系，让居民在活动中激发参与社区活动的活力，从而引导居民参与社区治理；同时通过引导入驻社会组织开展社区服务活动，从而不断完善社区服务体系的建设，实现社区居民、社会组织与社区共同参与治理社区。

（二）实施战略

以政府服务清单为依据，以项目化运作为手段，以建设全面公共服务体系为目标，以服务型社会组织为主要实施主体，建立社会各项公益资源互动机制，推进资源流通，回应社区需求助力社会服务管理创新。

通过完善社区治理结构，厘清政府与社区的职能边界和工作关系，切实减轻社区工作负担，形成“两轮多元、协商治理、强化自治、智慧服务”的社区治理格局，打造和谐幸福的社会生活共同体。

挖掘居民需求，以需求为切入点，建设社区服务体系，让居民在活动中激发参与社区活动的活力，从而引导居民参与社区治理。

1. 自助服务自身

基于社区居民的需求，打造成熟、稳健的需求响应机制，塑造品牌活动。调动社区居民积极性，组织居民参与活动、组织活动、开展活动，最终实现居民由被服务对象向组织主体转化，推动社区居民建立服务组织服务自身，满足自身需求。

2. 互助交换服务

引导社区居民打造自己的品牌项目，在不同的项目小组、服务团队之间建立服务链接、需求联动响应机制，建立互助服务组织，参与互助服务，实现服务交换。

3. 志愿服务兜底

针对社区居民能力不能解决的居民需求的问题，从社区外引入志愿服务，形成志愿服务项目，实施兜底性的志愿服务。

4. 社工服务特殊

针对社区内弱势群体存在的共性的、紧迫的需求，这些问题对于能力、资金、资质有着更高的要求，社区的互助服务与志愿服务团队一般无法满足，需要进行“公益创投”或“公益采购”式项目化设计，转化为政府购买或社会购买的公益服务项目，引进专业性的组织解决问题。针对个别化、个性化的服务对象特殊需求，引入专业社工进行专业化服务。

5. 商业服务增值

在社区中打造满足社区居民商业服务需求的平台，嵌入公益性服务，实现增值服务、增值产品的公益性销售，促使社区居民在公信力的保障下，获得性价比较高的商业增值服务。

（三）服务对象

1. 社区社会组织

社区内生性社会组织。

2. 社区志愿者队伍

社区原有的志愿者队伍，包括文娱队伍、兴趣小组等。

3. 社区社会工作者

社区工作人员或社区社会组织成员。

4. 社区居民

社区内居民，包括老年人、青少年、残疾人等群体。

（四）服务内容

1. 人才建设工程

针对社区社会组织的发展需求，开展包括社区草根领袖人才、志愿者领袖人才以及社区社会工作者在内的人才培育工作。通过培训、参访、交流会等形式提高社区人才的服务能力，引领社区公益事业发展。

2. 项目创新工程

通过社区服务项目转化，社区创客大赛与社区活动体验日等形式，促进社区活动的项目化转化，使社区活动系统可持续性的发展。同时，通过社区创客大赛推动多元化社区服务进入社区，促进公益项目落地在社区。

3. 组织培育工程

通过参访、交流分享、开放空间等技术，培育社区自组织、志愿活动组织、公益服务组织，提升他们的内部治理能力与外部服务能力，更好地参与社区治理与社区建设。

4. 资源引进工程

通过引进支持性和成熟型社会组织，为萌芽型和草根型社会组织提供学习模板。通过举办交流活动，相互分享经验，引进资金、众筹平台等支持社区社会组织发展。

5. 社区治理建设工程

打造党建、群建、社建一体化社区治理体系，通过党建引领群建、社建发展，构建社区服务体系及社区治理体系，推动社区治理的建设。

6. 需求调研工程

通过问卷调查、上门走访、访谈、资料研究等方法，调研居民需求、了解居民情况，引导社区发展，建立社区服务体系。

7. 建设反向孵化体系

充分发挥社区居民观察团的作用，利用社区居民观察团收集的民情日记，建立反向社区社会组织孵化体系，即“百姓需要什么，就孵化什么样的社区社会组织”。紧紧围绕社区公共服务体系建设的战略目标，以“反向孵化”为主要特征，以分解“服务片段”带动“社区社会组织”为主要手段，以倡导社区服务同社会组织之间的充分合作为主要路径，打造不同的社区社会组织孵化体系。

8. 建设“四位一体的自治平台”

重点建设“下沉式自我治理与政策服务”的平台。第一是通过“开放空间、罗伯特会议法则、居民社区治理 App”等手段，形成社区信息收集与挖掘机制、决策机制、行动机制、居民体验与监督机制、自我评估、第三方介入机制。第二是成立物业公司、居委会、业主委员会、社团联盟的共同协商机制，对于重大问题通过联席会议进行决策。第三是促进依法治社的政务清单改革，形成居委会工作清单、物业公司清单、业主委员会工作清单。划清界限与协同责任，形成新的社区治理三方联动的体系。

完善建设智能化社区运营平台。依托社区公共服务体系和社会组织服务体系，将服务推送到家庭里面，进行在线互动，每天通过互动平台调查服务满意度，收集反馈意见，根据反馈意见，为居民定制服务菜单，由此建立社区服务会员制。打造社区服务云平台，以社区服务参与通道为主要渠道，打造真正有生命力的社区社会组织，并且建设社区居民参与社区治理的最终通道，最终形成现代化创新性的居民自治体系。

第五章　社会工作平台的管理咨询

第一节　社会组织管理咨询

一、社会组织管理咨询的内涵

社会组织管理咨询，指的是由具有丰富理论性、实务性、经验性的专业咨询人员，在社会组织成员的密切配合下，根据组织成长与发展需求，通过深入调查、分析，找出问题及原因，针对性、系统性地提供科学解决方案，并指导方案实施的智力服务过程。运营社会工作平台主要依靠的技术，是关于组织支持、督导、规划的技术。现阶段这些技术可以统称为社会组织管理咨询技术，用作在平台中引导组织发展、建立支持体系、发挥桥梁纽带作用，使得社会工作平台的赋能找到明确的抓手与落脚点。

二、社会组织管理咨询的分类

通过不同的划分维度，社会组织的管理咨询又可以划分为不同的类别，如根据社会组织的生命周期，可划分为初创期、成长期、发展期、再发展或衰退期的社会组织管理咨询；根据咨询时间长短，可划分为短期、中期、长期管理咨询等。

结合公益孵化器运营人员常遇到的咨询内容，社会组织的管理咨询依据咨询事项涉及的业务广度划分为综合咨询、专项咨询和专题咨询。

综合咨询。一般涉及社会组织的组织架构、业务模块等多个或所有的组织发展相关事项，包括综合诊断、战略规划、管理体系优化更新等内容。

专项咨询。一般只涉及社会组织的某一个领域，包括组织管理、人力资源管理、志愿者管理、财务管理、项目管理、筹资管理、品牌管理等。

专题咨询。专题咨询是对专项咨询的进一步展开细分，如志愿者管理中的培训管理、项目管理中的进度管理等。

三、社会组织管理咨询的特点

（一）有效性

有效性是社会组织管理咨询的基础性特征，它能够针对性地回应社会组织的成长、发展诉求，解决痛点型问题，推动社会组织的良性发展。

（二）合作性

在整个咨询诊断过程中，咨询人员和社会组织成员及其利益相关方之间都要保持有效的合作交流，及时沟通、相互信任，促进信息收集、方案编写及落地实施。

（三）建议性

社会组织的管理咨询，虽也是一个“对症下药”的过程，但一方面咨询人员只是个辅助性角色，另一方面社会组织发展路径的特殊性和灵活性，极其容易受到政策环境、组织领导人变动的影响，因此咨询人员提供的解决方案仅为建议性的方案，社会组织有权决定实施与否、实施程度。

四、社会组织管理咨询的作用

（一）纠偏作用

管理咨询可以帮助社会组织厘清现状，明确当下组织发展的问题及原因，并针对性地提供解决方案，起到纠偏作用，改善组织发展状况。

（二）预防作用

咨询人员的客观独立视角，能够帮助社会组织充分了解组织发展现状，及时规避潜在风险，及时化解潜在危机，并通过咨询人员前瞻性的方案设计，预防问题的发生。同时，咨询人员在与社会组织成员互动的过程中，也将问题预防、发现、解决的办法潜移默化中传授给了社会组织成员，提高了其分析问题、解决问题的能力，更提高了其预防问题的能力。

（三）创新作用

社会组织的管理咨询能帮助组织进行管理创新，促进社会组织立足于自己的使命、愿景、价值观推动机构战略目标的创新性达成。

五、社会组织管理咨询的应用

对于公益孵化器而言，社会组织管理咨询一般作为孵化机制中的技术体系而存在，是运营人员的核心专业素质。在具体应用时，一般包括两个场景：一是孵化流程触发的咨询，二是机动性事项的咨询。

（一）公益孵化器孵化流程触发

对于入驻在公益孵化器的社会组织而言，其顺利入壳后，公益孵化器运营人员需要对其进行前置性评估与孵化大纲的撰写，生成周期性孵化目标。依据孵化大纲以及公益孵化器运营人员的工作安排，按孵化流程开展管理咨询工作。

这是因为入驻组织进入到孵化流程以后，公益孵化器运营人员需要及时评估孵化大纲实施的情况、组织受孵以后发展情况，及时进行跟踪指导。

（二）入孵组织机动性事项咨询

随着生命周期的推进演变，入驻组织遇到的问题也会有阶段性特征，保持常在常新的状态。对于公益孵化器的运营人员而言，对入驻组织的机动性事项的有效咨询，能及时起到纠偏、改善或者预防作用，推动组织体良性运作。

六、管理咨询人员的职业素质及道德规范

（一）管理咨询人员的职业素质

1. 基本素质

基本素质包括沟通能力、表达能力、判断能力、学习能力、创新能力、抗压能力等，是确保管理咨询高效达成预期的基础性能力要求。

2. 专业素质

专业素质包括社会组织管理知识与技能、管理咨询专业知识与技能等，是提高管理咨询的有效性、针对性的关键性能力要件。

（二）管理咨询人员的道德规范

对于公益孵化器的运营人员而言，其在进行管理咨询作业时，除了社会工作的职业道德规范在约束他们以外，同样须遵守一般性管理咨询行业的职业道德规范。

1. 严格遵守法律、法规和政策

作为公益孵化器孵化对象的社会组织，日渐作为一股重要的社会力量参与到社会治理创新过程中，发挥着“安全阀”“软性兜底”的作用，其自身的公益属性也在一定程度上决定着其接触到的部分群体是困境人群或矛盾冲突相对激烈的社会痛点。因而，公益孵化器运营人员在开展管理咨询时，要严格遵守法律、法规和政策，积极弘扬社会正能量，引导社会组织采用合法、合理、合规的方式开展服务，回应社会诉求，践行组织使命，达成发展愿景。

2. 保持咨询工作的客观、独立

在咨询过程中，咨询人员会接收到来自不同部门、不同层级、不同利益相关方的信息和资料，咨询人员须保持理性判断，保持客观独立，不代入个人情感，不偏信“一面之词”，综合所有信息进行综合判定。

3. 尊重隐私、保守秘密

因社会组织服务对象的特殊性，又因“污名化”“标签化”现象的存在，咨询人员如需将信息资料进行部分呈现或对外传播时，务必获得授权或者进行匿名处理。除此以外，咨询人员还需对社会组织的机构信息，特别是核心技术进行保密，未获得授权或者许可不得私自复制、传播。

4. 确保“客户”利益最大化

对于公益孵化器运营人员而言，入驻的社会组织既是孵化对象也是咨询诊断的“客户”（虽然付费的不一定是入驻组织本身）。咨询人员须站在社会组织的立场上充分考量，以期高效地推进社会组织的良性成长。

第二节　社会组织管理咨询技术

一、社会组织管理咨询技术

一般涉及组织的所有部门和业务领域，包括综合诊断、战略制定、管理体系优化整合等咨询事项，旨在系统地诊断组织发展问题、调适组织运营管理机制、进一步明晰组织发展方向和战略定位。多适用于进入新的发展阶段、陷入发展困境、核心领导人更换的社会组织。常发生于社会组织入驻到公益孵化器后的孵化培育大纲编写阶段。

二、社会组织管理咨询流程

综合性、一般性社会组织管理咨询的基本流程，主要包括预备调查、咨询诊断、方案设计、方案实施指导与总结等四个阶段。其中，预备调查阶段主要是明确合作意向与资料初步收集的过程，咨询诊断、方案设计阶段主要是厘清问题、生成解决问题方案的过程，方案实施指导与总结阶段则是方案落实和总结梳理的过程。

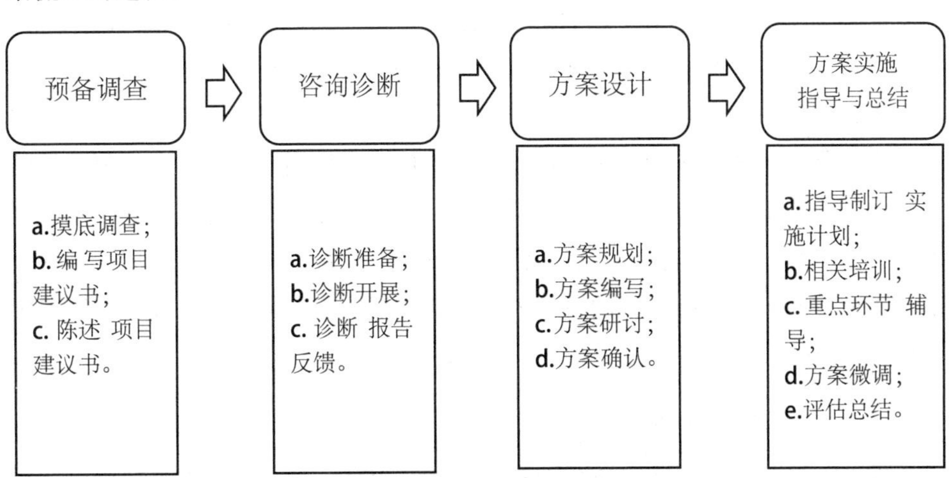

图 5–1　综合性社会组织管理咨询流程图

三、预备调查

在预备调查阶段，咨询人员需要根据社会组织的要求，结合机构现状，判定咨询项目应解决的主要问题，确认咨询项目的范围和质量要求，了解组织方改变的意愿和解决问题的潜力。

（一）摸底调查

咨询人员应首先与社会组织负责人、创始人碰面，向对方介绍咨询工作的程序、方法，取得对方信任。在对方有意愿进行咨询诊断的基础上，咨询人员须充分了解社会组织的概况，包括源起、组织架构、人数规模、人员性质、业务领域、资金来源及体量、管理机制、战略目标设定、组织优劣势等内容。

咨询人员应深入社会组织的活动实施现场，观摩社会组织内部团队常态互动状况，了解社会组织当前的管理水平及暴露出来的问题，做好详尽记录并留存好走访资料。

咨询人员应分别与机构的管理人员、一线社工、志愿者代表、服务对象、合作单位等相关方进行访谈交流，从不同对象处收集事实（不是观点），验证不同访谈对象对该组织的认识。

（二）编写项目建议书

咨询人员须在摸底调查结束之后，撰写项目建议书，用于向社会组织进行问题说明、方案框架解析和项目范围预估。项目建议书一般包括以下六个方面：背景和目的，简要阐述咨询开展的必要性及要达成的目标；问题分析，以事实为依据，阐述问题所在，并适当佐以调研资料为证；解决思路和方法，回应问题诉求，条理清晰地进行解决路径介绍；项目内容和预期产出，介绍要开展的工作内容，明确项目边界，确认成果产出；项目进程和实施计划，介绍项目周期和工作步骤，明确里程碑节点；咨询小组人力配备，简要介绍开展此项社会组织咨询诊断工作可能用到的咨询人员，特别是核心参与人员，并对资质状况进行补充说明。

（三）陈述项目建议书

咨询人员在编写好项目建议书后，应及时安排时间，向社会组织进行建议书陈述。

陈述形式可正规也可非正规，建议采用PPT的形式进行演示，简洁直观。陈述结束后，咨询人员注意预留一定的时间用于和社会组织的交流沟通，争取获得该组织的认可，凝聚解决问题的共识和信心。

四、咨询诊断

在该阶段，咨询人员须通过诊断进一步对问题进行拆解，找出原因所在，并提出解决建议。

（一）诊断准备

咨询人员应确定开展此组织管理咨询工作的工作小组，包括负责人、项目助理、外部专家督导等。

在人员集结完毕后，项目组应开展内训工作，并明确工作重点、工作周期、任务分配、工作内容（项目总体计划、项目阶段计划、项目周工作计划）、问题判断标准等事项。

在诊断过程中会第二次与该组织的利益相关方进行访谈和对接，因此，须结合项目建议书，编写优化调查提纲，明确资料收集要点，扩充资料库。

咨询人员须及时联系社会组织，由社会组织牵头召开简短的项目启动会。在启动会上，社会组织方的咨询诊断对接人、社会组织管理层人员、建议书中涉及的骨干员工、咨询诊断项目组，做好双方接洽，正式启动咨询诊断工作。

（二）诊断开展

与机构负责人进行访谈，细致了解组织现状；与项目主管等机构管理层人员进行访谈，了解项目运作情况；与一线社工等实务人员碰面，观摩活动开展、服务供给情况；与项目建议书中涉及的其他机构骨干员工、志愿者、服务对象进行一对一访谈或问卷调查，收集补充性资料；收集整理资料，必要时进行回访确认；统计分析数据；咨询项目组内部召开讨论会，分析归纳该社会组织当前的问题现状，预估问题影响，生成初步问题诊断意见。项目组对问题进行拆解分析，遵循“MECE法则”（完全穷尽、相互独立），细致罗列问题元素；针对每一个问题元素拟定完善建议和改进重点；汇总各个问题的完善意见，编写诊断报告，生成系统的完善策略；诊断报告优化，并与督导确认。

（三）诊断报告反馈

通过 PPT 演示等形式，将此阶段性成果《诊断报告》反馈给该社会组织，并通过诊断报告的讲解，使该社会组织的负责人、管理层就组织中存在的问题达成共识；咨询项目组也须依据此诊断报告，进一步明确下一步工作重点和推进计划。

五、方案设计

此阶段，须将《诊断报告》中的问题解决策略进行进一步细化和落实，形成可操作的改善方案（《管理咨询报告》）。

（一）方案规划

构思方案框架结构和重要操作要点，一般包括组织管理活动层面和项目运作层面两部分内容。在处理方法上，一般包括如下三种：对该社会组织原有问题解决方案进行摘选、优化；借鉴同类型、同发展阶段社会组织的成功经验；收集、整合、优化组织成员的问题解决建议，从系统视角来审视建议的可取性。

选择合适的方案规划工具。如 ECRS（取消 eliminate、合并 combine、调整顺序 rearrange、简化 simplify）分析法，5W1H（目的 why、地点 where、时间 when、人员 who、方法 how）分析法。这两种工具都可应用于对该组织现有做法的逐一审查。

对规划成果进行选择性模拟、实验验证，确认方案的有效性、可行性、适用性。验证后，将模拟、实验验证发现的问题或不足，细致分析总结，修正完善设计方案。

（二）方案编写

结合方案规划阶段的产出，咨询人员须丰富和完善方案文本内容，阐明“如何做”“为什么这样做”“实施条件”等关键内容。

方案初步编写后，咨询项目组内部讨论优化，形成方案草案。

（三）方案研讨

咨询人员将方案草案反馈给该社会组织，并与社会组织进行深度的研究讨论，广泛征求方案意见，并根据意见反馈完善方案内容。

研讨要点如下：方案的有效性，即方案设计是否能解决该组织当前存在的问题；方案的可操作性，即实施方案所需要的条件、资源、技能是否具备，方案是否适用该组织当前的发展阶段、组织文化等内容。

（四）方案确认

本环节是将方案草案转化成《管理咨询报告》的过程，也是对方案设计阶段的产出向社会组织进行汇报和反馈的重要节点。

六、方案实施指导与总结

为了提高方案的落地性和执行成效，咨询项目组须在一定时间段内对该组织进行指导，协助对方顺利实施咨询方案。

（一）指导组织制订实施计划

咨询人员须和组织核心成员或方案涉及人员商讨确认问题解决的顺序或机构改革事项的顺序，明确问题解决的先后和难易程度。

同时，该过程既是咨询人员教授、指导组织成员制订计划的过程，也是强化组织成员问题解决的结构化思维过程，能提高组织成员对计划工作的认识、学会编制计划的方法、形成计划节点产出的系统性思维。

（二）对组织进行相关培训

制订完实施计划之后，咨询人员须围绕组织成长发展需求，结合计划推进节点，开展相应的培训活动，以期提高计划的实施成效，同时确保组织成员的成长跟得上机构变革的速度。

培训内容。主要包括两方面：一是面围绕方案本身开展的培训活动，包括对方案的解读、实施困难的预估与解决等；二是围绕组织成员综合技能或者部分业务能力提高开展的培训，旨在推动员工的迭代更新速度与机构发展同步。

培训方式。建议灵活多样，如外出参访、工作坊、世界咖啡馆、开放空间等，以期达到促进方案实施的目的。

（三）对重点环节进行辅导

咨询人员须对方案中涉及的重难点内容，进行针对性的个别辅导、个性化支持，特别是技术性较强、突破组织成员认知和经验范畴的内容，咨询人员需要手把手带领，直到教会为止。当然，在此过程中，也可以以点带面，慢慢推进，如在个别部门、个别业务领域上进行改革，形成示范效应，于潜移默化中给予组织成员问题解决的信心。

（四）方案微调

值得注意的是，即使经过组织成员全体通过的问题解决方案，在落地实施的时候，依然会碰到许多新的、需要再次斟酌商榷的问题，这个时候就需要咨询人员协同项目组做好谨慎的判断。对于组织成员提出的修改意见，咨询项目组须认真地调查，思考原方案的合理之处，综合判断是否需要进行修改。如果审慎判断之后，咨询项目组认为不需要修改，也要有理、有利、有节地进行沟通反馈，争取组织成员的理解和认同；如果审慎判断之后，咨询项目组认为需要修改，也应及时将修改之处与涉及的组织成员进行告知确认，甚至从机构层面进行告知。

（五）评估总结

在具体操作时，此环节常常结合公益孵化器的孵化技术节点来开展（机动性咨询事项除外），如组织诊断、出壳评估等。一般包括如下步骤：

确定评价目标和评价指标。一般而言，入驻在公益孵化器的社会组织，在入壳后不久便会由运营方（枢纽型社会组织）编制孵化培育大纲，在未来的孵化培育周期内，对照孵化培育大纲开展技术支持工作。因此，对于入驻在公益孵化器的社会组织而言，组织管理咨询的评价目标和评价指标，既和该组织的孵化培育大纲里设定的孵化目标有着高度的相似性，也有着当下该组织面临新问题的新办法、新设定、新路径。

综上，站在组织管理咨询的角度，此处的评价目标和评价指标的设定，优先考虑《组织管理咨询报告》中设立的短中长期目标、定量定性指标内容，孵化培育大纲可作为溯源性参考。

确定评价方法和评判依据。依据评价目标和评价指标的设定，综合选择能科学、客观反映问题解决状况的评价方法和评判指标体系。

常用的评价方法一般包括定量分析法（问卷调研、量表等）和定性分析法（个案研究、无结构访问等）。

评判依据，可以是单一指标，也可以是若干个指标组成。若是单一指标，一般建议采用多种评价方法获得评价反馈；若是指标体系，注意防止弱化问题评价的核心指标或者关键指标。

评价分析，生成评价报告。在明确的目标、指标、方法指引下，采用交叉反复的方式开展综合评价分析工作，包括预测、分析、评定、协调、模拟、综合等。咨询人员须依据翔实的评价资料，撰写评价报告，阐明评价资料、数据来源与评价方法，特别应该说明评价的结论与建议。

总结反思。咨询人员可通过复盘的形式，回顾总结项目实施成效，吸收社会组织方的整体性评价，并梳理总结该咨询内容的标准化产出，形成社会组织管理咨询某一领域的咨询指南等。

第六章　社会组织诊断

第一节　社会组织诊断概述

一、社会组织诊断概念

社会组织诊断(以下简称"组织诊断"),指的是由具有丰富理论性、实务性、经验性的专业咨询人员，在社会组织成员的密切配合下，根据组织成长与发展需求，通过历史回溯、现状分析，找出问题及原因，并生成问题解决最优路径的智力服务过程。

社会组织诊断是公益孵化器运营人员在提供孵化服务过程中常用的工作方法，旨在了解入孵组织的发展现状，以针对性地提供成长支持服务。

二、社会组织诊断的目标

（一）对所呈现的组织现状做出判断

组织诊断的目标之一就是基于组织实际存在的客观事实,如组织管理记录、组织管理制度等，形成对组织当前问题及产生原因的客观认识，并可结合数据和资料论证以上问题的存在对组织发展的影响。

（二）为组织变革提供最优参考路径

组织诊断的目标之二就是在对组织进行综合考核与评估的基础上，契合当下的外部环境与组织生命周期，为组织提供最适宜的、可操作的组织变革办法，以推动组织的良性发展和运作。

（三）为组织发展定势提供迭代建议

“卡利斯马”式的领导在组织管理中较为常见，领导人的个人意志在很大程度上影响着组织发展的模式和机制。借助组织诊断，通过外部视角和思维的切入推动原组织决策层、领导层的理念更新，从而实现组织发展路径的迭代更新。

三、社会组织诊断的分类

依据诊断事项涉及的业务广度，结合组织需求描述，我们将社会组织诊断粗略划分为综合诊断、专项诊断和专题诊断。

（一）综合诊断

一般涉及社会组织的组织架构、业务模块等多个或所有的组织发展相关事项，特别侧重组织管理形态与产品业务结构的综合分析诊断。

（二）专项诊断

一般只涉及社会组织的某一个领域，包括组织管理、人力资源管理、志愿者管理、财务管理、项目管理、筹资管理、品牌管理等专项领域的诊断分析。

（三）专题诊断

专题诊断是对专项诊断的进一步展开细分，一般基于组织负责人对组织成长发展问题的精准把握。如通过问题描述与咨询人员就志愿者管理中的培训管理、项目管理中的进度管理等细项问题进行深度分析。

四、社会组织诊断的特点

（一）有效性

有效性是社会组织诊断的基础性特征，它能够针对性地回应组织的成长、发展诉求，聚焦痛点型问题，为推动组织的快速发展找准关键指征。

（二）合作性

在整个诊断过程中，咨询人员和社会组织成员及其利益相关方之间都要保持有效的合作交流，及时沟通、相互信任，促进信息收集、问题聚焦与解决路径的生成。

（三）周期性

社会组织诊断具有时效性，常常因为政治、经济、社会、科技、行业等因素的影响而使诊断结果、问题解决路径发生变化。因此，社会组织的诊断工作是一个常诊常新、持续进行的过程。

五、社会组织诊断的作用

（一）纠偏作用

诊断可以帮助社会组织厘清现状，明确当下组织发展的问题及原因，并针对性地生成问题解决最优路径，起到纠偏作用，改善组织发展状况。

（二）预防作用

咨询人员的客观独立视角，能够帮助社会组织充分了解组织发展现状，及时规避潜在风险，及时化解潜在危机，并通过咨询人员前瞻性的问题预判，预防问题的发生。同时，咨询人员在与社会组织成员互动的过程中，也将问题预防、发现、解决的办法潜移默化中传授给了社会组织成员，提高了其分析问题、解决问题的能力，更提高了其预防问题的能力。

（三）创新作用

社会组织诊断能帮助组织进行管理创新，促进社会组织立足于自己的使命、愿景、价值观推动机构战略目标的创新性达成。

六、社会组织诊断的应用

完善组织战略规划。诊断结果可应用于组织战略规划的优化，明确组织管理形态与产品业务的耦合路径。

生成周期工作重点。如半年、一年的年度工作计划，有明确的业务落地、推进的方法。

强化组织成员能力指征。为组织成员的能力素养提升提出了新的要求，推动实现个人发展与组织成长的协同并进。

七、咨询人员的职业素质、知识储备及道德规范

（一）职业素质

1. 基本素质

基本素质包括沟通能力、表达能力、判断能力、学习能力、创新能力、抗压能力等，是确保诊断工作高效达成预期的基础性能力要求。

2. 专业素质

专业素质包括社会组织管理知识与技能、管理咨询专业知识与技能等，是提高管理咨询的有效性、针对性的关键性能力要件。

（二）知识储备

咨询人员若想有效达成组织诊断目标，除了具备基本的能力素养外，还需要积累大量的公益项目案例、社会组织案例、社会企业案例以及等级评估知识，以形成经验数据，组建个人知识库。

1. 项目案例储备

对于大部分初创期、成长期组织而言，项目是组织发展的生命线，是组织战略落地的可视化呈现，亦是印证组织管理举措有效与否的重要参照。咨询人员须通过大量的项目案例的积累，一方面储备起行业项目管理的经验性操作路径，为后期组织诊断提供方法指导；另一方面扩大对公益项目的认知范围，熟悉不同服务领域、不同服务人群的基本服务模式，提高诊断成效。

2. 社会组织案例储备

在政府职能转移、互联网快速发展、公益孵化器体系化运营等多种因素催生之下，社会组织呈多样化、阶梯状发展态势。咨询人员既需要在理论上储备起组织生命周期的内容通识，熟悉不同发展阶段组织的一般性特征，也需要在实践中总结不同发展阶段的组织的成长路径，分析其战略设定的特殊性缘由，做好经验归纳。

3. 社会企业案例

当前，随着社会组织发展阶段的纵深和服务领域的延展，部分组织在往社会企业方向进行转型。咨询人员需要密切关注、研究优秀社企的成功经验，复盘其发展演变路径，以促进组织诊断工作创新性、迭代性作用的发挥。

4. 社会组织等级评估

社会组织等级评估是相对官方、权威的组织认证过程，有利于促进社会组织规范发展，且在政府购买服务以及组织筹资过程中扮演着愈发重要的角色。因此，咨询人员须积累储备组织等级评估的相关知识、经验，以便在诊断过程中积极引导组织的全面、健康发展。

（三）道德规范

对于咨询人员而言，其在进行诊断作业时，除了社会工作的职业道德规范在约束他们以外，同样须遵守一般性管理咨询行业的职业道德规范。

1. 严格遵守法律、法规和政策

咨询人员在开展诊断工作时，要严格遵守法律、法规和政策，积极弘扬社会正能量，引导社会组织采用合法、合理、合规的方式开展服务，回应社会诉求，践行组织使命，达成发展愿景。

2. 保持诊断工作的客观、独立

在咨询过程中，咨询人员会接收到来自不同部门、不同层级、不同利益相关方的信息和资料，咨询人员须保持理性判断，保持客观独立，不代入个人情感，不偏信“一面之词”，综合所有信息进行综合判定。

3. 尊重隐私、保守秘密

因社会组织服务对象的特殊性，又因“污名化”“标签化”现象的存在，咨询人员如需将信息资料进行部分呈现或对外传播时，务必获得授权或者进行匿名处理。除此以外，咨询人员还需对社会组织的机构信息，特别是核心技术进行保密，未获得授权或者许可不得私自复制、传播。

第二节　社会组织诊断操作

一、社会组织诊断工作逻辑

社会组织诊断工作是一个相对体系化、结构化的操作过程。本书基于多位专家老师的诊断实践，结合不同发展阶段的社会组织诊断需求，特梳理总结如下工作逻辑：咨询人员通过诊断准备程序，与被诊断组织建立信任关系，方便后期诊断工作得以顺利、深度开展；通过前置调查程序，开展综合调研工作，初步预判问题范围，以明确现场诊断重点；通过诊断实施程序，回溯组织战略设定与管理实践间的回应性，借助问题树、MECE 分析法，建构问题分析的因果链，聚焦本质问题、紧迫问题，进而探究生成问题解决的最优路径；通过诊断总结程序，形成综合性诊断报告，反馈被诊断组织。逻辑关系如图 6-1 所示。

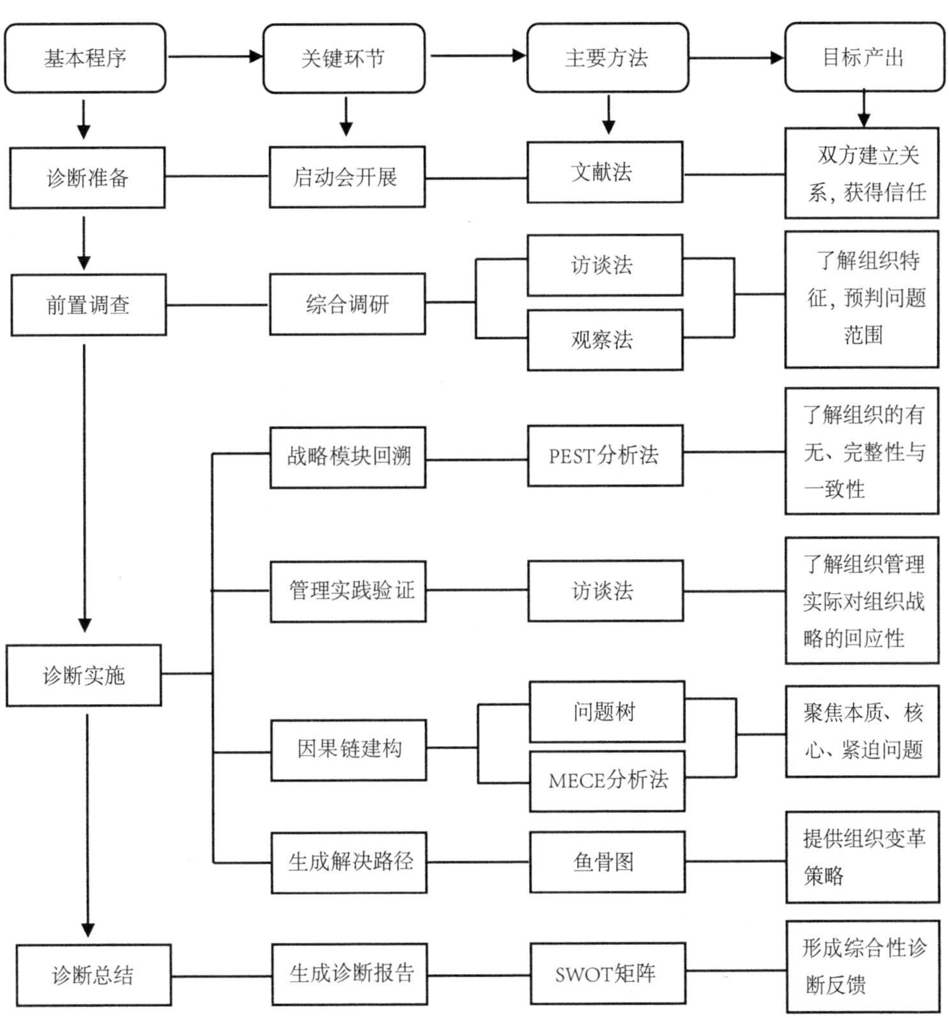

图 6-1　社会组织诊断工作逻辑图

二、社会组织诊断程序步骤

从程序上来看，社会组织诊断包括诊断准备、前置调查、诊断实施、诊断总结等四个环节，每个环节又包含着多项举措，如图 6–2 所示。

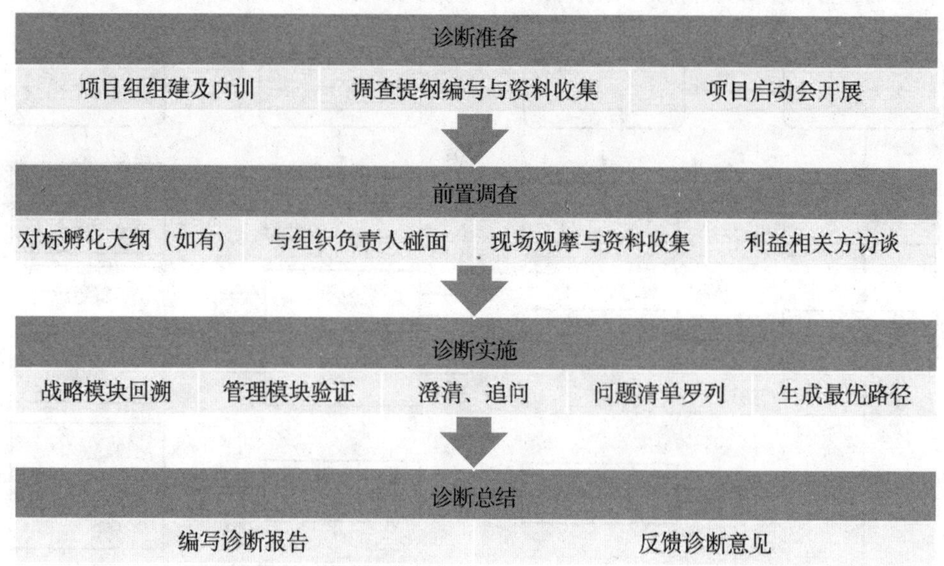

图 6–2　社会组织诊断操作程序图

三、社会组织诊断准备与前置调查

（一）诊断准备

该阶段的主要任务是组建咨询诊断项目组，形成责任分工，达成团队目标共识，正式启动诊断工作程序。

1. 项目组组建及内训

组建由孵化器直接运营人员、外部专家、资深督导等人员构成的项目组。在人员集结完毕后，项目组应开展内训工作，明确工作重点、工作周期、任务分配、工作内容（项目总体计划、项目阶段计划）、问题判断标准等事项。

2. 调查提纲编写与资料收集

项目组按照分工，初步编写、优化调查提纲，明确资料收集要点。

3. 项目启动会开展

咨询人员须及时联系即将被诊断的组织方，由组织方牵头召开简短的项目启动会。在启动会上，组织方的咨询诊断对接人、管理层人员、骨干员工以及咨询诊断项目组，做好双方接洽，正式启动诊断工作。

4. 注意事项

第一，在项目组组建时，应结合被诊断组织的基本实际进行专家、督导的筛选，并建立非核心人员的动态调整机制，视诊断需要灵活增减。

第二，启动会上须明确此次诊断工作的双方负责人、对接人及对接办法，框定大概的时间周期及任务范畴。

第三，调查提纲等调研材料，可提前发给组织方的负责人查看，依据组织方意见反馈做适应性调整。

（二）前置调查

在前置调查阶段，咨询人员须根据组织要求，结合组织现状，初步判定诊断范围、问题轻重、影响大小和目标要求，了解组织方改变的意愿和解决问题的潜力。

1. 对标孵化大纲

孵化大纲是组织入驻公益孵化器后，其运营人员通过前置性评估、入壳评估等操作撰写生成的周期性孵化目标和操作办法。咨询人员可通过对标该组织的孵化大纲，初步了解组织业务领域、特色优势及能力短板，为后期社会组织诊断工作的开展提供系统参考。

2. 与组织负责人碰面

咨询人员应首先与社会组织负责人甚至是创始人碰面，向对方介绍诊断工作的程序、方法，取得对方信任。在对方有意愿进行深度诊断的基础上，咨询人员充分了解该组织的概况，包括源起、组织架构、人数规模、人员性质、业务领域、资金来源及体量、管理机制、战略目标设定、组织优劣势等内容。若客观条件不允许，咨询人员无法与组织负责人当面交流，则可将《社会组织发展状况调查问卷》发给负责人，诊断前三个工作日内回收问卷，并进行系统性的分析，初步框定问题范围和成长诉求。

3. 现场观摩与资料收集

咨询人员应了解该组织实务工作的常态运作流程，以便发现潜在的问题与原因，如项目管理等。同时，咨询人员也应现场观察该组织的日常管理过程，包括横向联动、纵向反馈等，做好详尽记录并留存好观察资料。

4. 利益相关方访谈

咨询人员可分别与机构的管理中层、一线社工、志愿者、服务对象、落地单位等相关方进行访谈交流，从不同相关方那里收集事实（不是观点），验证不同访谈对象对该组织的认识。

5. 阶段总结

咨询人员在调查结束后，可与专家、督导一起集体研课，达成对该组织认识的基本共识，预估问题影响，形成诊断预判及初步诊断意见。

第一，在实际应用中，若实施组织诊断作业的人员为公益孵化器外部聘请的专家老师，则前置调查阶段的任务可由公益孵化器内部工作人员代为完成。

第二，在前置调查过程中，咨询人员勿随意附和调研对象的意见。即使调研对象对该组织部分现状看得比较清楚，但是现象不等于问题。咨询人员须透过现象看本质，精准进行事实判定、问题判断。

第三，咨询人员应注重事实的收集，而不是利益相关方观点的收集。当调研对象表达某方面观点时，咨询人员应及时做好追问和澄清工作，找到事实根据，记录客观事实和各方态度即可。

四、社会组织诊断实施

咨询人员可从战略模块、管理模块（含团队能力、社会影响与动员）等方面展开具体的问询，全面了解组织现状，并与组织方共同探讨各个模块之间的回应性，如管理实践是否回应组织战略，项目实践是否响应管理结构，员工管理是否同步项目实践等。

（一）诊断确认

诊断之初，咨询人员可先就组织的愿景、使命、价值观等内容与组织方进行沟通确认，以明确组织存在的理由、未来状态、价值理念等关键信息，以推论组织的战略模块的设定是否完备、一致。如在前置调查环节已初步明确使命愿景相关内容，则咨询人员可将已知信息抛出进行验证，并进行凝练、聚焦。具体如下。

1. 回溯组织愿景

愿景，即组织所做事情最希望整个社会达成什么，是对未来的设想、展望。

咨询人员通过与组织方的沟通确认，了解组织在整体发展方向上预期达到的理想状态。在做诊断记录时，咨询人员须标注出当前该组织在愿景方面呈现的实际情况，包括有无书面描述、清晰度、接纳度、可达成、落地性等。

2. 回溯组织使命

使命，即组织做事情的根本动机是什么，回应了组织存在的理由、定义了组织的性质。咨询人员依据组织方的回溯描述，了解组织为什么而存在。在做咨询记录时，咨询人员须标注出当前该组织在使命方面呈现的实际情况，包括能不能反映组织定位和服务领域、能不能明确指明组织未来方向、能不能指导组织行动和目标制定等。

3. 回溯组织价值观

价值观，是组织及其成员共同认可和崇尚的价值评判标准，即观念或理念，是组织成员的行动准则、矛盾解决的判断依据，更是组织文化的核心。咨询人员通过与组织方的沟通确认，了解组织内是否普遍存在一套共同的基本信念，这套信念可支持组织的总体目标、为组织成员提供明确的行动方向且不随领导层更替而变换。

4. 回溯组织目标

咨询人员须了解组织是否清晰设定了长中短期目标，如第一年目标、第二年目标、第三年目标、第四年目标、第五年目标等。咨询人员须通过追问、澄清，了解这些目标设定的依据，判断其是否由使命转化而来、是否有清晰的衡量标准、是否为组织成员所广泛了解等，并做好诊断记录。

5. 回溯组织战略

咨询人员与组织方回溯组织的战略设定情况，判断其是否有清晰连贯一致的中长期总体战略（一般为三年战略）。若有，则继续了解其组织战略是否与组织目标联系密切、有无衡量指标与衡量方法、能否指导计划设计与行动落地、是否阶段性检查确认组织战略等。

6. 回溯信息整理

咨询人员通过与组织方的共同回溯、确认，将了解到的组织信息进行归纳整理，可放置在能力评估量表中直接进行打分，亦可放在SWOT分析工具中进行优劣势条件罗列，以供最后诊断建议的生成。

（二）管理模块验证

在明确组织VMV等战略模块信息后，咨询人员须从管理结构、管理实践、管理文化等维度验证组织愿景、使命、价值观、目标、战略的落地性与回应性。具体如下：

1. 管理结构诊断

管理结构是组织文化的凝固与践行，涉及组织的整体架构的安排，包括法人治理结构、部门设置、岗位设置和岗位功能描述、部门与岗位权限规定等，既有纵向的领导与分工，也有横向的联动与协同。

在进行管理结构诊断时，咨询人员须通过细致的问询、反复的确认，掌握该组织的管理结构形态及各要素之间的逻辑关系，概括总结其组织结构类型，如直线式、矩阵式、职能式、项目制式等。与此同时，咨询人员还要对该组织自行进行的架构界定、权责设定进行完整性、清晰度和有效性诊断，综合得出管理结构的诊断意见。

考虑到社会组织管理结构的特殊性，咨询人员还可对该组织理事会、监事会等领导层的作用发挥情况进行诊断判定，如理事会构成状况、理事会决策方式、理事会与监事会的监督运作等，以期为未来组织变革提供路径参考。

2. 管理实践诊断

管理实践是落实组织战略、强化管理结构、推动组织变革的重要举措。咨询人员可从职能管理、项目管理、团队管理三个维度进行管理实践诊断。

职能管理实践诊断。职能是实现组织战略与目标所必须开展的一系列业务活动的归纳与概括，职能管理实践是夯实管理结构的关键性行动。咨询人员可从组织的筹资管理、资产与财务管理、人力资源规划、对外沟通关系维护等方面了解组织的职能管理状况，并对其完整性、有效性、促进性、更新率进行诊断分析，得出诊断意见。

项目管理实践诊断。一方面，项目管理状况可推断出当前的组织管理水平，如组织管理文化、员工管理水平、事务沟通灵活程度等，这些都可以通过项目实践去验证。咨询人员可结合项目管理的启动、规划、执行、监控、收尾等五大管理过程，以及整合管理、范围管理、成本管理、进度管理、质量管理、资源管理、沟通管理、风险管理、采购管理、相关方管理等十大管理模块，判断出组织当前的项目管理水平；另一方面，由项目的选择性、后继性可推论出组织战略的虚实，即组织方在项目领域选择、项目影响力打造、项目深度开发、项目持续运营等方面的具体实践，是否能回应其组织使命、目标、战略的设定。咨询人员可通过具体项目、具体场景的设问，来详细了解组织的项目实践状况，以期做出综合判断。

团队管理实践诊断。团队管理是团队领导人为使各项事务按照组织目标有序进行，根据成员的个人能力、工作方向、指标要求对成员进行的合理化分工和综合性资源配置过程。在社会组织领域，团队管理实践的好坏直接关系着组织发展的快慢。一方面，咨询人员须系统掌握该组织团队管理实践的客观事实，包括组织 / 团队认同、员工能力素质、团队支持状况；另一方面，咨询人员需要全面审视个人、团队、组织三个体系系统化配合和成长状况，判断个人与团队、团队与组织、个人与组织相互之间的作用情况，并对该组织的使命、价值观做对应性分析。

3. 管理文化诊断

管理文化代表着组织的目标与价值观，是管理结构与管理实践在结合过程中传递给组织成员的无形符号与信息，渗透于组织的决策、激励、领导等管理过程中。咨询人员须在诊断过程中，审慎审视该组织管理结构与管理实践的落地方式，一方面确认其管理制度能否保证管理结构板块清晰有序，另一方面要观察其组织变革驱动力的转化情况，能否与组织所倡导的使命、价值观产生强大的外部耦合性，达成组织管理目标。

（三）需求 / 问题反复澄清、追问

基于以上环节的诊断，咨询人员基本能够梳理出组织方暴露出来的主要问题。在此基础上，咨询人员一方面要继续深挖已经暴露问题产生的原因，建构起认知因果链，不断缩小单一问题范围，细致把握对方需求；另一方面要引导组织方主动表达他们自发现、自感知的其他问题，以及他们期待改变的方向等。

1. 罗列问题清单

咨询人员可形成组织方的问题清单，并通过大白纸等方式直观呈现给组织方，双方达成诊断共识。

2. 生成问题解决最优路径

咨询人员结合组织 VMV 和组织发展现状实际，与组织方共同生成该组织的 SWOT 分析矩阵，筛选问题解决策略（SO、WO、ST、WT），优化目标达成路径。

在生成最优路径时需要注意的是：对于既没有人力也没有能力的组织类型，要给予对方一个具体的项目形态方面的建议，路径以项目塑造为导向；对于已有品牌项目、业务放量阶段的组织类型，要注意业务拓展和组织管理体系的协同变化；对于管理体系相对健全、服务体量较大，但业务模态不清楚的组织，在路径生成时侧重综合性引导、强化耦合性指导。

五、诊断总结

咨询人员在诊断结束后，及时整理诊断过程性资料，编写诊断报告，经过项目组及督导确认后，发给项目方进行诊断反馈。

第三节　社会组织诊断工作方法

一、MECE 分析法

（一）主要内容

MECE，是 Mutually Exclusive Collectively Exhaustive 的缩写，意即“相互独立，完全穷尽”，指的是对议题进行不重叠、不遗漏的分类，且能够借此有效把握问题的核心，并成为有效解决问题的方法。

所谓的不遗漏、不重叠是指在将某个整体（不论是客观存在的还是概念性的整体）划分为不同的部分时，必须保证划分后的各个部分符合以下要求：

各部分之间相互独立（Mutually Exclusive），在同一维度上有明确区分、不可重叠；

所有部分完全穷尽（Collectively Exhaustive），全面、周密。

（二）分类办法

1. 二分法

这种分类方式比较常见，其实就是把信息分成 A 和非 A 两个部分。如国内和国外、他人和自己、已婚和未婚、成年人和未成年人、左和右、男和女、收入和支出、专业和业余等。

2. 过程法

过程法即按照事情发展的时间、流程、程序，对信息进行逐一的分类。过程分类法特别适合用于项目进展和阶段的汇报。

3. 要素法

要素法即从上到下、从外到内、从整体到局部等用于说明事物的各个方面特征的方法，本质上是把一个整体分成不同的构成部分。

4. 公式法

可以按照公式设计的要素去分类，只要公式成立，那这样的分类就符合 MECE 原则。如物资费 = 单价 × 数量，这里就是把物资费通过公式拆解成了单价和数量。

5. 矩阵法

设置 4 个象限，使用 2 次二分法，形成 2 × 2 矩阵。如把工作分成以下四种：重要紧急、重要不紧急、不重要但紧急、不重要也不紧急（见图 6–3）。

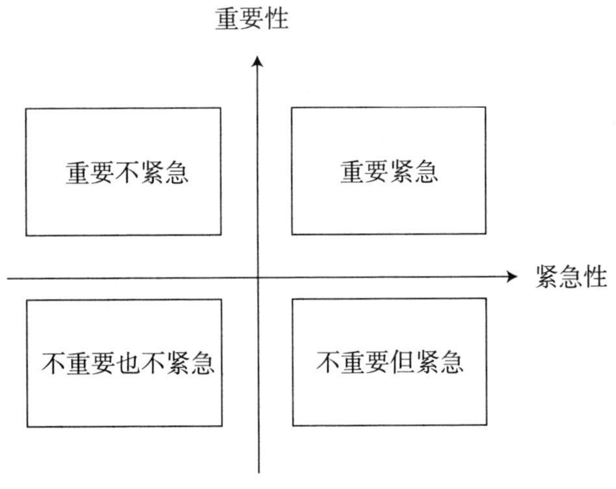

图 6–3　矩阵四象限图

（三）操作应用

MECE 分析法主要有以下两个步骤：

1. 确认问题

如通过鱼骨图等方法，在确立主要问题的基础上，逐个往下层层分解，直至所有的疑问都找到；另一种方法是结合头脑风暴法找到主要问题。

2. 寻找 MECE 的切入

在鱼骨图法之下，通过问题的层层分解，分析出关键问题和初步的解决问题的思路；在头脑风暴法之下，在不考虑现有资源的限制基础上，考虑解决该问题的所有可能方法，在这个过程中，要特别注意多种方法的结合有可能是个新的解决方法，然后再往下分析，每种解决方法所需要的各种资源，并通过分析比较，从上述多种方案中找到目前状况下最现实最令人满意的答案。

二、PEST 分析法

（一）主要内容

PEST 是代表四类影响战略制定的因素的英文单词首字母缩写，分别是政治的（Political）、经济的（Economic）、社会的（Social）、技术的（Technological）。PEST 分析法用于分析外部环境对于组织战略的影响。

政治环境，即对组织运营具有实际与潜在影响的政治力量和有关的法律、法规等因素，如新政策、新法律法规的颁布，税法改变、民众政治参与行为等，这些都会对社会组织、社会工作等行业或领域带来新的影响。

经济环境，即国内外经济发展趋势的变动对社会组织产生的影响，宏观上包括国民收入、国内生产总值及其变化情况，微观上包括社会组织所服务地区的就业程度、储蓄情况、收入水平等因素。

社会环境，即风俗、习惯、观念、信仰的现状及转变趋势对社会组织的影响，包括对政府的态度、对服务的态度、对老外的态度、对社会责任的履行认可度、对道德的关切、性别角色、平均教育状况、社会保障计划、人口移进移出率、人均收入等因素。

技术环境，指的是国内外科技进步、开发与利用状况对社会组织的影响，包括国家对科技开发的投资重点、技术转移和商品化速度、专利及保护情况等因素。

（二）操作办法

（1）采用头脑风暴、集体讨论等方法，列出环境变化分析过程中确定的关键外部因素。

（2）采用经验判断、参照等方法，评估各个因素对组织具体影响的权重。

（3）采用公开、集体决策的形式，参照组织现行的战略对各个因素进行评分。

（4）采用数据分析法，用每个关键因素的权重乘以它的评分，得出每个因素的加权分数。

（5）将所有因素的加权分数相加，得出组织目前外部环境的总加权分数。同时，通过加权分数的分析，帮助咨询人员进一步明确各个因素对组织的影响。

三、SWOT 分析法

（一）主要内容

SWOT 分别代表优势（Strength）、劣势（Weakness）、机会（Opportunity）、威胁（Threat）的英文首字母。SWOT 分析法是将组织内外部条件进行综合和概况，并依照矩阵形式排列，把各种因素相互匹配起来加以分析。综合来看，第一部分为 SW，用来分析内部条件；第二部分为 OT，用来分析外部条件。

（二）操作办法

（1）确认影响组织的所有外部因素，分析外部机会和外部威胁状况，并预测评估未来外部因素之变化（可结合 PEST 分析法）。

（2）分析组织内部优势和劣势。

（3）将内部优势与外部机会相匹配，形成 SO 战略——利用组织优势并利用外部机会。

（4）将内部劣势与外部机会相匹配，形成 WO 战略——克服组织弱势并利用外部机会。

（5）将内部优势与外部威胁相匹配，形成 ST 战略——利用组织优势并避免外部威胁。

（6）将内部劣势与外部威胁相匹配，形成 WT 战略——克服组织弱势并避免外部威胁。

（7）进行策略选择，制订行动计划：

——SO 战略下，要投入资源，加强组织优势，争取机会；

——WO 战略下，要投入资源，改善组织劣势，争取机会；

——ST 战略下，要投入资源，加强组织优势，减低威胁；

——WT 战略下，要投入资源，改善组织劣势，减低威胁。

四、鱼骨图分析法

（一）主要内容

鱼骨图，指的是一种发现问题“根本原因”的分析方法，它看上去有些像鱼骨，问题或缺陷（即后果）标在“鱼头”处。在鱼骨上长出鱼刺，上面按出现机会的多寡列出产生问题的可能原因，不仅有助于说明各个原因之间是如何相互影响的，也更容易生成针对性的行动策略。

（二）操作办法

（1）查找要解决的问题。

（2）把问题写在鱼骨的头上。

（3）召集组织成员共同讨论问题出现的可能原因，尽可能多地找出问题。

（4）把相同的问题分组，在鱼骨上标出。

（5）根据不同问题征求大家的意见，总结出正确的原因。

（6）拿出任何一个问题，研究为什么会产生这样的问题。

（7）针对问题的答案再问为什么，这样至少深入五个层次（连续问五个问题）。

（8）当深入到第五个层次后，认为无法继续进行时，列出这些问题的原因，然后列出至少 20 个解决方法。

五、问题树分析法

（一）主要内容

问题树又叫逻辑树、演绎树，它其实是一个树状结构的思维导图。问题树的结构可以帮助咨询人员在拆解问题的时候有一条线，而不是漫无目的地去找答案。

（二）操作办法

问题树结构的搭建一般包括如下五个步骤：

（1）找出问题中存在的核心问题和起始问题。这一点特别重要，之后的每一步都是基于这一点。

（2）要确定导致核心问题和起始问题的主要原因。

（3）要确定核心问题和起始问题导致的主要后果。

（4）根据以上的因果关系画出这个问题树。

（5）反复审查问题树。看看哪里还缺东西，进行最后的补充和修改。

六、常用调查方法

（一）访谈法

在组织诊断中，访谈法尤为重要，因为很多深层次的问题很难从组织的表象和特征数据中直观看到。访谈法在使用时，建议以标准化访谈格式记录，便于控制访谈内容以及进行结果的比较分析。

访谈一般分为三个阶段：访谈准备、进行访谈、访谈总结。

（1）访谈准备阶段：包括确定访谈目标、了解访谈对象、组建访谈小组、确定访谈方式、整理访谈大纲等。

（2）访谈进行阶段：包括营造良好的访谈氛围、及时对不同行为的反应、注重运用访谈技巧等。

（3）访谈总结阶段：咨询项目组仔细回顾访谈成果，确认访谈记录中的数据和信息的真实性、客观性，然后共同对访谈结果进行关键信息摘取，并组织讨论，形成行动建议或者行动策略。

（二）问卷法

问卷法是获取组织信息的最常用方法，主要得益于成熟的结构化的问卷或者量表可有效地测量到关键信息要点，形成科学的判断依据。

在开展问卷时，咨询人员须经过审慎的讨论，选择合适的问卷，或者自行设计高质量的调研问卷，完整、科学、合理，并可通过前测、后测等方式，验证诊断成效。

（三）观察法

观察法可细分为参与式观察、非参与式观察，咨询人员可通过在工作现场观察、记录组织成员的工作过程、行为、内容、工具等，进行分析总结。适用于大量标准化的、周期较短的、以一线社工为主要对象的工作。

第四节　社会组织诊断常用工具

为了提高诊断成效，咨询人员可借助相关工具模型开展诊断工作。常见的工具模型主要有开放系统模型、维斯伯德六盒模型和麦肯锡 7S 模型。

一、开放系统模型[①]

（一）主要内容

该模型将组织视为一个开放的系统，该系统由输入、转换和输出三个相关部分组成。

（1）输入（资源）：指组织从环境中获取的资金、人才、设备、信息、知识等，有助于创造输出。

（2）输出：是组织行动的结果，包括产品、服务、思想等。组织将大部分输出返回到环境中，少部分应用于组织内部。

---

① 迈克尔·哈里森，组织诊断——方法、模型与过程 [M]. 3 版 . 尤筱红，等译 . 重庆：重庆大学出版社，2007.

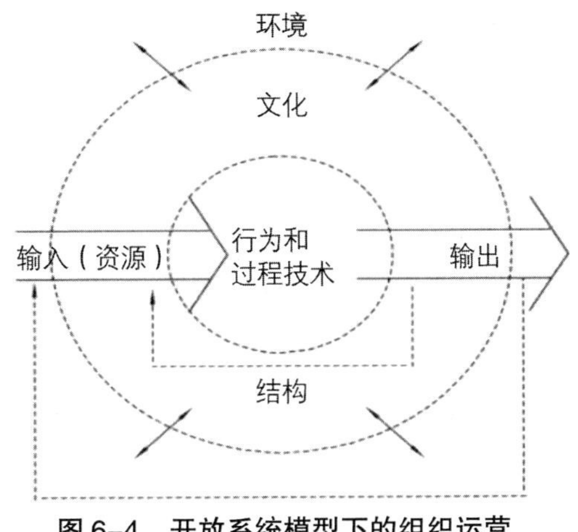

图 6–4　开放系统模型下的组织运营

注：圆形虚线表示系统的边界，直行虚线表示反馈回路

（3）组织的行为和过程：指组织中个人和群体的互动模式，如团队建设等，这些模式有助于将输入转化成输出。

（4）技术：指把输入通过加工转换成输出的技术，常指组织的核心服务本领，如开放空间技术、个案会谈技术等。

（5）环境：包括内环境与外环境。内环境包括与系统转换过程和技术直接相关的外部组织和条件，涉及采购方、委托方、服务对象、竞争对手等。外环境也就是对组织及其内环境鲜有影响或有长远影响的条件，比如社会、经济、政治、科技等大环境。

（6）结构：指个人、群体、较大单位之间的持久关系，常见如组织的管理结构（法人治理结构、职权结构等）。

（二）适用场景

开放系统模型既可用于组织整体诊断，也可用于组织局部、专项主题的诊断，可帮助咨询人员评估组织、团队内部运作的一般情况，也可以帮助咨询人员评估风险状态下的组织状况。

（三）应用步骤

第一，了解组织系统特征。收集组织基本资料，了解组织系统特征，初步判定需要诊断的问题。

咨询人员可围绕以下清单收集资料：

输出：组织年度产出的数量、质量，以及团队成长情况。

目标和战略：目标、战略和任务近期变化情况。

输入：资金；人力（受教育状况、督导培训等）；场地设备等。

环境：社会、经济、政治、科技环境等。

结构：主要的部门和单位、职权层级、现行协调机制、员工及其活动的空间分布、人力资源政策和实践、突出的权力机构等。

行为和过程：组织决策和计划的主要模式，冲突的主要类型（如部门之间的冲突）、沟通方式等。

文化：组织文化的象征（如标语、口号、组织外部形象）、历史、有代表性的组织活动（如团建、庆祝活动、年度回顾、计划等）、工作方式和工作作风等。

系统动力：过去或最近任何系统组成部分中的主要变革、组织生命周期的各个阶段、全面的财务状况（结余、损失情况等）、主要系统组成部分的增长和缩减情况。

第二，定向访谈。与组织管理层、核心骨干人员、普通成员、外部利益相关方进行访谈，收集不同层级、不同利益群体的观点，以丰富、调整、聚焦前期的诊断意见。

第三，总结分析。将收集到的资料进行列表分析，为组织的每一个系统组成部分建立独立的档案或数据库，注明资料的来源，总结梳理诊断结果。

二、维斯伯德六盒模型

（一）主要内容

该模型可以帮助组织成员“盘点现状”“打开未来”，搭建起现实与未来的桥梁。

使命——组织是否有清晰的使命？员工是否理解并认同组织的使命？

结构——组织内部工作是如何被分配的？考虑到使命时，人力资源的分配是否合理？

关系——组织各单元协调的方式是怎么样的？缺乏协调是否会引起矛盾？

奖励——考察所有需要完成的任务是否都有相对应的激励措施。

支持——支持组织工作的系统和流程是怎么样的？

管理——被视作密切观察其他五个盒子中非正常事件或意外结果的最后一个盒子，其作用就是确保其他五个盒子都能处于均衡的状态，若失衡时要采取怎么样的行动及时修正。

（二）适用场景

（1）新团队摸底：当你进入一个新团队，想全面了解这个团队。

（2）组织中调频：当你和关键人对话，深度进行组织盘点和现实状况讨论。

（3）组织架构调整前：可用于帮助梳理现状，找到调整后的目标。

（三）操作应用

操作应用如图 6–5 所示。

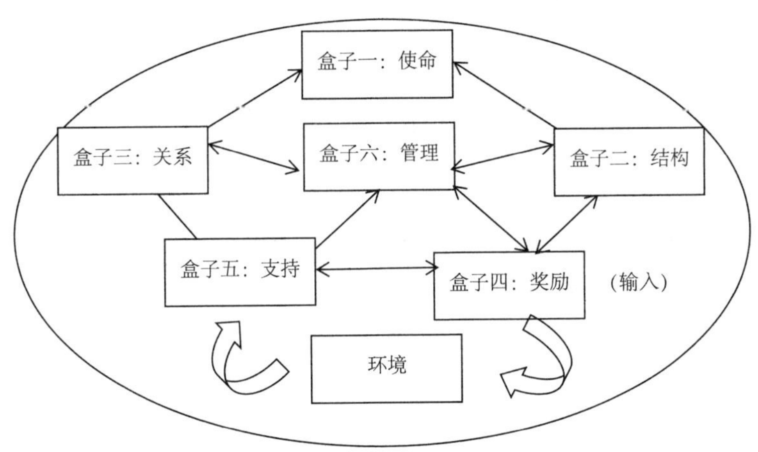

图 6–5　六个盒子关系图

盒子一：使命

盒子功能：明确组织性质，指明方向。

盒子描述：从战略到落地；我们为谁创造什么价值。

诊断依据：战略（目标）是否清晰明确？组织成员是否都认同并支持这个目标？实现路径是什么？如何衡量？

盒子二：结构

盒子功能：明确管理架构，用人所长。

盒子描述："我们为什么需要组织结构？""我们是如何组织在一起去实现愿景与目标的？""组织形态的特征是什么？"

诊断依据："分工＆职责是否清晰？""核心团队领导人是否胜任？""核心能力是什么？""岗位如何设置？""服务对象价值实现路径是否通畅？"

盒子三：关系

盒子功能：明确组织机制，协同联动。

盒子描述："组织成员是如何一起工作的？""合作基础、合作流程是怎样的？"

诊断依据：组织成员关系如何？连接如何？对彼此的依赖程度如何？流程是否清晰明确？遇到冲突的处理方式是怎样的？

盒子四：奖励

盒子功能：驱动、激励组织成员。

盒子描述："组织奖励和员工期望值差异是什么？""和业务目标的关系是什么？""奖励是支持还是阻碍了任务的达成？"

诊断依据：组织成员因何种因素被奖励？奖励是否公平有序？组织成员是否清晰目标达成不了的后果？组织成员在犯错的时候是否有及时提醒？

盒子五：支持

盒子功能：资源协调，扩大影响力。

盒子描述："我们有什么样的工具支持帮助我们达成目标？""运营流程是怎样的？""支持政策、方法、工具是什么？"

诊断依据：这些机制会帮助组织还是会阻挠组织达成目标？

盒子六：管理

盒子功能：管理结构与管理实践的耦合落地，以促进组织使命、战略目标的达成。

盒子描述："各个盒子的表现是怎样的？""如何维护组织的完整性的？"

诊断依据：组织需要什么样的管理和领导风格？现行的管理和领导风格运

作得怎样？组织的反馈机制如何？需要什么样的辅导？是如何让使命和目标贯穿于计划的每个部分的？

三、麦肯锡 7S 模型

（一）主要内容

麦肯锡 7S 模型（Mckinsey 7S Model），简称 7S 模型，是麦肯锡顾问公司研究中心设计的企业组织七要素。该模型指出了组织必须全面地考虑各方面的情况，包括结构（Structure）、制度（System）、风格（Style）、员工（Staff）、技能（Skill）、战略（Strategy）、共同价值观（Shared Value）。其中，战略、结构和制度被认为是组织成功的“硬件”，风格、人员、技能和共同价值观被认为是组织成功的“软件”。7S 模型的基本原理是要想达到成功，组织内的七大要素必须协同匹配。

战略：建立、保持、加强组织竞争优势的整体规划。

结构：组织的分工、管理架构。

制度：日常的活动和各项流程，以及员工参与工作的方式。

共同价值观：模型的“崇高目标”，是贯彻在组织文化和日常工作中的核心价值观。

风格：管理者的管理方式。

人员：组织内的员工及他们的综合能力。

技能：组织工作中所需要的实际技能和能力。

（二）适用场景

7S 模型可用于分析各种情境下的组织，帮助管理者、咨询人员提高组织的整体表现、分析组织未来变革可能造成的影响，全面提升组织有效性，以期实现目标战略。

（三）操作应用

1. 填写问题清单

利用访谈法、问卷调查法等手段面向组织成员开展 7S 问题清单填写工作，并收集分析。

（1）7S 评估问题清单——共同价值观（Shared Value）

· 如果组织运作得非常完美，哪些关键的事情将会发生？

· 如果组织非常成功，10 年后我们将在哪里？

（2）7S 评估问题清单——战略（Strategy）

· 使业务 / 组织更成功的主要战略是什么？

· 实现战略的关键短期目标有哪些？

· 执行战略的主要约束有哪些？

· 在何种程度上，你确信这些战略是正确的？

· 组织的价值主张是什么？

· 服务对象等相关方是如何评价你的组织的？你如何知道的？

· 你是如何向组织的高级管理人员以及其他员工沟通这些战略的？

（3）7S 评估问题清单——技能（Skill）

· 组织成功所必须具备的知识和技能是什么？为什么？

· 随着时间的推移，你预计这方面会有什么改变？

· 你如何评估在这些方面组织现在的优势和劣势？

· 当前以及未来保持和强化这些知识和技能，组织面对哪些关键挑战？

· 在这些方面，哪些行动正在进行？

（4）7S 评估问题清单——结构（Structure）

· 你的组织结构图是怎样的？

· 主要部门的职责是什么？

· 这种结构如何促进或阻碍了战略的实现？在这方面哪些强化或改进行动正在进行？

· 在管理层级设置、权限授予、团队管理方面组织表现如何？

（5）7S 评估问题清单——人员（Staff）

· 描述组织关键人员在组织中最重要的角色或作用，以及他们的优势和劣势。

· 他们当中谁对组织的成功至关重要？为什么？

· 就这些关键人员而言，你最担忧的问题是什么？为什么？

· 描述整体而言人员的优势和劣势。

· 就组织人员而言，你最担忧的问题是什么？为什么？

· 在上述方面，哪些强化或改进行动正在进行？

（6）7S 评估问题清单——系统（System）

· 描述支持业务或组织的关键系统，它们的优点和不足。

· 如果解决或改善了哪 5 个最重要的系统问题，组织运营成效将获得显著提升？为什么？

· 在这些方面，哪些强化或改进行动正在进行？

（7）7S 评估问题清单——风格（Style）

· 组织中重要决策是如何被做出的？

· 最高管理层是如何同关键成员沟通的？如何同普通成员沟通？

· 就组织的关键成员和其他成员应该如何行事而言，最高管理层的期望是什么？

· 你如何描述组织的管理风格？其他人对此的评估有何不同？

· 最高管理层日复一日做了哪些事？

2. 标记结果

将考察结果在矩阵中一一标记。

3. 调整要素

反复调整要素，直至 7 个要素达到完美的和谐。

第七章 社会组织战略与组织管理咨询

第一节 社会组织战略规划咨询

一、社会组织战略管理咨询

（一）社会组织战略管理咨询主要内容

社会组织战略管理，指的是为了满足未来组织持续发展的需要，在综合分析的基础上，决定组织未来发展方向、目标和目的，选择匹配性行动，配置相关资源，系统规划和安排未来组织发展举措的过程。

社会组织战略管理咨询，是咨询人员依据组织要求，运用战略管理理论、知识、技能、工具和方法，为组织提供战略诊断、战略制定、战略实施指导、战略研究等服务的过程。

（二）社会组织战略管理咨询基本流程

社会组织战略管理咨询的基本流程如图 7–1 所示。

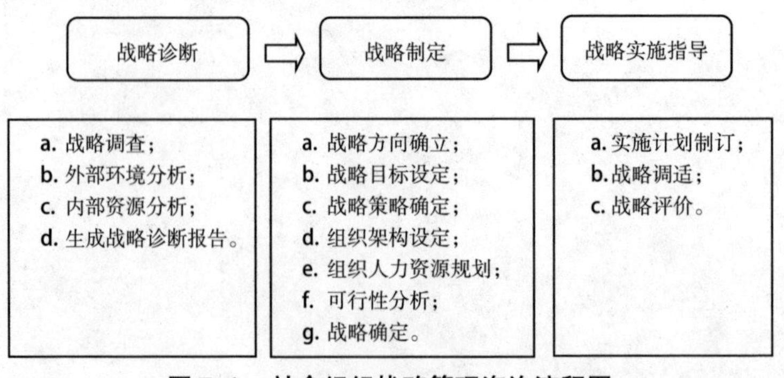

图 7–1 社会组织战略管理咨询流程图

二、社会组织战略管理咨询操作细则

（一）战略诊断

战略诊断，是对组织长期发展的总体规划和战略决策所进行的诊断过程，包括战略目标、战略措施、战略步骤、战略环境等。它通过诊断发现组织过往战略规划的实施情况、实施成效，进而提出改进措施，以期提高战略价值。

1. 战略调查

咨询人员须通过问卷调查、访谈、文献收集等方法，对组织的内部信息和外部信息进行充分的调查分析，为后续战略制定奠定基础。

内部信息调查，包括组织的创立、发展演变、创始人背景、组织架构、机构大事记、人力资源状况、项目领域及运作、财务状况等。

外部信息调查，包括地方社会组织培育政策、社会工作人才扶持政策、地方社会组织规模体量及业务领域分布、地方公益项目类型及资金渠道等。

2. 外部环境分析

国家及地方政策、行业竞争、社会认知度等外部环境因素，影响着社会组织的发展，一般包括人口、经济、政策法律法规、技术、社会文化、全球环境等。

3. 内部资源分析

咨询人员须清楚地了解组织拥有哪些资源，以及这些资源的利用率如何。

有形资源分析，包括组织的人力资源分析（数量、年龄结构、性别结构、学历结构、职称结构等）、财务资源分析（资金来源及结构、筹资渠道、现金流状况、成本结构、资金结余状况等）、物质资源分析（固定资产状况、活动物资弹性存量等）。

无形资源分析，包括无形资产（专利、专有技术、品牌等）、知识资本（组织技术文档、组织自管机制等）和组织文化（组织的使命、价值观、理念、行事风格等）等。

4. 生成战略诊断报告

咨询人员在充分的战略诊断分析的基础上，编写战略诊断报告，详细阐述组织当前的发展现状，细致描述问题状况，并对问题的解决提供行动方向。

组织现状描述：包括使命愿景、问题需求、资源状况、优势劣势、机遇挑战等。

组织战略定位及运营模式：包括组织管理架构、运营体系等。

组织目标树描述：短中长期目标的系统性介绍。

项目管理描述：项目设计、实施情况，以及有无匹配性开展战略管理计划、落实战略目标、计划实施的成效如何等。

（二）战略制定

1. 战略方向确立

确立的方法建议采用工作坊的形式来完成，咨询人员和社会组织，甚至利益相关方共同参与进来，确定最终的战略方向。同时，咨询人员在开展工作坊的时候，也要注意把组织领导人能力的培养渗透到工作坊过程中来，协助组织领导人打开视野，提高其对于组织管理和核心技术的终端把控力以及项目化能力。

2. 战略目标设定

咨询人员须结合战略诊断状况，协助或直接提供战略给社会组织系统的目标树或目标丛，形成机构战略目标。

设定长远目标，即围绕组织发展的愿景而设定的首要目标内容。

设定具体目标，即设定需要分阶段实现的不同时期的目标内容，并分解成关键性任务与具体的行动计划。

3. 战略策略确定

咨询人员须结合战略诊断状况，通过排篇布局，与社会组织共同确定关键性行动计划实施的先后顺序。

“爆品策略”，即在工匠精神的指引下把组织自有服务领域打造成行业典型、标杆示范式的策略选择，一般是产品化思维组织常常采用的路径，能够更深度、更有效地回应社会问题诉求，也能更长期地塑造组织品牌形象。

多元化策略，即组织利用自身较高的技术支持能力、研发和转化能力，调整组织业务条线内容，推动组织自身转型为支持性、枢纽型组织而实施的策略选择。一般是高校背景的社工机构、传统的志愿者组织或组织内部迁移能力较强的社会组织常常采用的路径，能快速而有效地推动组织转型。

4. 组织架构设定

组织架构是实现战略目标的运作载体，因而咨询人员须结合组织实际情况，完善组织架构设计、理事会构成，明确理事会的支持与决策程序、监事会的监督机制，以及高级管理人员的领导力、团队协作力等。

5. 组织人力资源规划

依托组织架构的设定，咨询人员须进一步做好组织内部的人才成长、团队成长和制度建设等方面的规划设计，实现组织的战略管理与人才的成长目标、人才的成长过程、项目落地的过程、关键行动计划实施的过程、团队的成长过程一体化。

6. 可行性分析

咨询人员须在前五个步骤的基础上，结合《组织战略诊断报告》，基于组织的发展逻辑、发展轨迹、发展阶段，对每一个可能的战略方向进行可行性分析，综合考量多元利益相关方的关注点、战略要点的组织文化适应性、组织的有效福利投放方式、与同行合作的可能性等，最终将最具有战略影响的事项放在首要位置，确定最优的战略发展方向。一般每年或者当年不超过三个里程碑事项。

7. 战略确定

咨询人员结合最终确定的一定周期内的战略目标，编写《组织战略规划报告书》，并与组织核心领导人进行沟通确认。

（三）战略实施指导

战略实施是将计划落实成具体行动和好的结果的过程。在实际开展过程中，即使咨询项目组细致地进行了推进计划的设计，部分社会组织依然会遇到“举步维艰”的状况，同时既定的战略目标与变化的环境之间的矛盾亦长期存在。因此，咨询人员须开展战略实施指导，及时进行纠偏和完善。

1. 实施计划制订

在战略实施之前，便设计好可操作、可评估的推进计划，并得到组织核心领导人的批准。同时，推进计划中关键的几项举措、事项，也需要拎出来和组织核心领导人进行探讨，以便形成咨询人员有效的指导标准。

2. 战略调适

在实施开展过程中，如遇到外部环境剧烈变化或其他机动情况导致的战略规划不再适合组织现状时，咨询人员应及时地进行战略调适，与组织核心领导人进行充分沟通交流，必要时进行组织内的告知。

3. 战略评价

在战略计划相对稳定地推进一段时间后，咨询人员须及时与组织成员，以及主要利益相关方了解确认：预期结果与实际结果的差异之处及原因、采取何种措施进行纠正以保证行动和计划的一致、对改善现状的评价状况及建议。

三、社会组织战略管理咨询常用工具

（一）组织外部环境分析工具——PEST 分析法

具体内容见第六章第三节，这里不再详述。

（二）组织竞争力分析工具——SWOT 分析法

详见第六章第三节，这里不再讲述。

（三）战略制定和战略评价分析工具——利益相关者分析法

1. 主要内容

社会组织的利益相关方一般包括委托人、受益人、服务使用者、组织成员、志愿者、理事、捐赠方、监督评估机构以及对该组织感兴趣的公众、媒体、研究机构等。利益相关者分析法，指的就是通过分析利益相关方对社会组织的影响而制定适应性决策的工具。它常用于分析与社会组织利益相关的所有个人和组织，在战略制定时有助于识别重大利益相关者的影响，亦可以用于战略评估。

2. 分析流程

识别、罗列社会组织的利益相关者；从社会组织战略管理层面上分析两者之间的关系，确定利益相关者的位置；分析利益相关者带给社会组织及其同行的挑战与机遇；生成处理如上挑战和机遇所能采取的最佳战略和行动。

（四）问题分析及行动目标设定工具——鱼骨图

具体内容见第六章第三节，这里不再详述。

四、社会组织战略管理咨询注意事项

（一）社会组织战略管理的全域规划

在对社会组织进行战略规划时，咨询人员尤其要注意的是，不仅仅要从组织层面上规划机构的愿景、使命、价值观，更要将战略管理落脚于项目层面、团队层面，明确通过何种项目、培育何种团队和人才去落实这个战略。

（二）厘清与企业战略管理的不同

企业的战略管理核心在于追求利润的最大化，而社会组织天然的公益属性决定着它在做战略管理时，首要考虑的是社会福利投放方式，自身服务供给如何才能惠及更多的人群和区域。

除此以外，社会组织的战略管理过程更强调利益相关方的多元参与，更关注与社会的良性互动，包括与同行的合作而非竞争。

（三）须准确识别社会组织的生命阶段

处于不同生命阶段的社会组织，其战略管理的方向和侧重点会出现较大差异，咨询人员需要在准确识别、判断的基础上，结合组织综合情况开展战略规划。

第二节　社会组织的组织管理咨询

一、社会组织的组织管理咨询

社会组织的组织管理，指的是通过建立组织结构，规定职务或职位，明确责权关系，以使组织中的成员互相协作配合，共同实现组织目标的过程。一般包括确定实现组织目标所需要的举措，并按照专业化分工原则进行分类；划分工作部门，设计组织机构和结构；职务、职位确权；制定规章制度，明确组织

结构中的纵横关系等四个方面。

社会组织的组织管理咨询，是通过对组织战略目标和客观环境、综合实力的分析，以期改善组织机构的设置和运行，提高组织管理职能作用的咨询活动。一般包括管理机制咨询、组织结构咨询、组织运行规则咨询三个内容：

组织管理机制咨询：组织管理机制现状、业务和管理工作内容筛选、管理机制的设定和描述等。

组织管理结构咨询：领导层（理事会、监事会等）治理结构、部门设置、岗位设置和岗位功能描述、业务和管理工作内容和基本工作量的确定等。

组织管理运行规则咨询：理事会、监事会职责权限规定与议事规则，部门和岗位权限规定，财务管理权限规定，人事管理权限规定，业务承接权限规定等。

二、社会组织的组织管理咨询操作细则

开展之前，建议咨询人员可先开展战略复盘，确认组织发展目标、使命愿景等，以确保组织管理匹配组织战略发展。

（一）了解组织管理状况

绘制现行组织结构图，通过访谈法了解组织成员对组织结构的建议和意见；开展职务状况调查，了解各个职务是否明确规定了权责范围、绩效考评依据；开展职权控制调查，了解对某些业务活动进行控制的各个岗位的职能、职责和关系进行了解；开展组织机构调查，特别是理事会、监事会、管理层的责任和权限的调查等；开展内部程序调查，包括授权手续规定、预算控制制度、文件流传制度、报告发布制度等。

（二）确定组织管理中的问题，进行原因分析

这一环节，亦是咨询人员在组织管理专项领域的咨询诊断工作，需要从以下至少四个方面进一步分析社会组织在组织管理方面存在的问题及其原因。

业务分析：组织结构的设定关键要依据组织的战略目标和业务模板，因而在进行组织管理问题分析时，咨询人员需要对组织的业务内容进行充分分析，判断当前的业务分解是否合理，职位与业务是否适应等。

权力分析：主要指的是对社会组织的主要管理人员的决策权力进行分析判

断，看管理者是否拥有同他所承担的任务、所需做出决策相适应的权力，对象一般为项目主管或者团队负责人。除此以外，还需关注该组织是否存在权力过分集中或者过分分散的问题。

关系分析：主要是看横向上，各个部门之间的分工、协作关系及协调情况，特别是各个管理性职位之间是否存在权力交叉、权力空当情况。

人力分析：主要看组织现行的岗位任职标准与在岗人员的能力特征与职业期待是否相适应，看有无不胜任、任职标准不适宜等情况的出现，并深度进行原因分析。

（三）收集优秀社会组织的组织管理经验，转化成可借鉴的操作标准

咨询人员需要对处于不同生命周期的社会组织的理想组织结构了然于胸，并可及时输出转化为可以实践的组织结构构建标准。一方面来源于咨询人员过往成功的咨询实践，另一方面来源于大量案例的搜集和转化。

（四）提出改善方案

到了这一环节，咨询人员须在对组织管理问题分析的基础上，系统地编写改善方案，以期改善现状，提高整体效能。一般而言，有三个常用的改善路径：

一是人员导向的改善：通过改变组织成员的知识、能力、经验结构以及工作态度、工作作风来实现组织管理改善的技术方法，一般适用于组织成员成长滞后于组织管理、组织成员学习力较弱而外部环境变革较为剧烈的情况。

二是组织导向的改善：通过改变组织结构、转变组织成员观念和服务供给方式来实现组织管理改善的技术方法，一般适用于组织架构十分不合理、内部管理规则缺乏、权力过于松散或过于集中的情况。

三是综合导向的改善：即从人和组织两方面共同推进组织管理改善的技术方法，有较广泛的适用性。

（五）方案实施指导

动员宣传：通过解释、告知、座谈等举措，让组织成员认识到改善的必要性，减少阻力，促进参与。

改进指导：咨询人员须结合组织实际情况，确定组织管理改善的节奏和进度，有计划、有步骤地推荐变革，步步为营，并保持着与组织核心领导人的常态交流，获得有力支持。当遇到机动因素导致改善方案的部分内容不适宜组织实际时，咨询人员须及时进行确认和调整，并做好沟通告知工作。

巩固强化：即使改善方案推进得非常顺利，咨询人员也要关注到巩固强化举措的重要性，将新的价值观念、规章制度内化为组织成员的行动准则和职业素养，促进组织管理逐步稳定下来。

三、社会组织的组织管理咨询工作方法

社会组织的组织管理咨询工作的开展，较为考验咨询人员的系统判断能力和经验转化能力，需要咨询人员透过层层琐碎的表象，拎起组织的链动轴。

（一）内外部因素下的职能分析方法

社会组织内部的职能设定，受到多种因素的影响，包括行业惯例、组织战略定位、外部环境特点等。

咨询人员在考虑社会组织的职能设定时，可参考社会组织行业的基本职能设定形式，从增加、强化、取消和弱化等四个方面去做优化完善。

对于战略规划定位于“爆品策略”的社会组织，咨询人员需要注意从部分技术特征明显的关键职能入手，进行职能增加和细化，甚至组织的整体结构可顺势进行这种职能转向，例如以研发管理为关键职能的组织结构等。

咨询人员需要系统分析组织的各项基本职能及业务活动内容，统筹考量外部环境的关键影响因素，基于因子权重占比和组织发展定位进行职能优化。

（二）纵向组织结构咨询——权力结构设计方法

咨询人员会发现，处于不同生命周期的社会组织，其权力结构的差异性特别明显，一般呈现从集权到分权的结构特征。

集权的职能制结构，一般是按照项目业务、后勤保障、质量管理等职能来划分部门和设置机构，有利于集中力量办大事，适用于业务内容相对单一，技术变化较为缓慢、外部环境较为稳定、以创始人指令为行动方向的初创期社会组织。

分权的事业部制结构，实行分权化管理，适用于业务内容多样、覆盖区域广泛、外部环境变化较大、组织成员担当力较强的成长期、发展期社会组织；

“品牌授权制”分权型的结构，是近几年才出现的有些类似于“子公司制”的组织管理形态。社会组织发展至今，很多元老型组织成员已成长为机构合伙人，在充分认同使命、愿景、价值观的情况下，获得原机构的品牌授权，在其他区域进行落地拓展。品牌授权制下，两个组织没有行政上的隶属关系，而是有技术、资产上的联结关系。适用于业务类型多元、区域功能辐射特征明显、行业标杆型的成熟期社会组织。

（三）横向组织结构咨询——部门化方式和业务活动组织组合分析的方法

咨询人员还需要解决组织内横向联络的问题，特别是容易产生分歧的业务活动的归属问题。

德鲁克的“贡献分析法”一般在社会组织领域有较为广泛的适用性，他认为，各种活动一般可以分为四类：提供成果的活动、支援性活动、后勤服务活动、高层管理活动。咨询人员可在此分析方法的基础上，结合组织的项目实际、职能需求实际，优化组织结构，减少部门成员冗余，提高运作效率。

四、社会组织的组织管理咨询常用工具

在社会组织的组织管理咨询领域，常通过问卷调查和人才测评的技术方法进行诊断，如《领导行为调查问卷》《PM 量表》《激励反馈调查问卷》《管理者角色认知测验》等，其中尤以《PM 量表》的使用为典型，它常用来测量组织内的领导行为。本书以此为例进行介绍：

（一）主要内容

PM 是团体机能概念，任何一个团体都具有两种机能：一种是 P（performance），指工作绩效，是团体的目标达成机能；另一种是 M（maintenance），指团体维系，是维持强化团体或组织的机能。PM 技术认为，领导者的作用就在于执行这两种团体职能。因此，领导者的行为也就包括这两个因素。

PM 问卷由 P 因素量表、M 因素量表和情境因素量表构成。P 和 M 量表各

有 10 个问题项目，情境量表包括 8 个情境因素 40 个问题项目，共 60 个项目。8 个情境因素是：对工作的欲望、对待遇的满意程度、对公司的满意程度、心理保健、集体工作精神、会议成效、信息沟通、绩效规范。

如果以 P 为横坐标，M 为纵坐标，并在 P 和 M 坐标中点各画一条平行线，就可划分出 PM、Pm、Mp、pm 四种领导类型。

（二）操作应用

将标准化的 PM 问卷卡片发给所测对象的下属，让下属评定他们的直接上司，也可以领导者本人评定自己。评分只要在卡片的相应等级中打个记号即可。每一个问题停留时间都不要太长，以免被试考虑过多而影响测量的信度。为了减少被试的顾虑和控制偏差、在测验开始前要先念指导语。PM 技术对组织内现职管理人员的评测结果，可以为组织选拔人才提供科学的参考数据。

第八章　社会组织人力资源管理与志愿者管理咨询

第一节　社会组织人力资源管理咨询

一、社会组织人力资源管理咨询

社会组织的人力资源管理，是指以社会组织的人力资源为主要对象而开展的人力资源规划、录用、工资、保障等管理活动和过程的总和。它的最大的难点与优点在于既要激励员工的工作热情，又要赋予工作特殊的意义。这种特殊性表现为：素质方面要求较高的道德自律和团队合作精神，培训方面侧重使命感培训与道德感培训，激励方面关注人本管理与目标激励，绩效评估结果被阶段性弱化，管理策略上更强调价值共同体的打造。

基于此，所谓社会组织人力资源管理咨询，就是通过对组织的人力资源管理现状的诊断，全面发现问题，并提供全面协调解决方案的过程，以期组织的人力资源可充分配合组织的发展战略，并促进个人的发展与企业的发展保持同步上升趋势。

从具体咨询实践情况来看，社会组织的人力资源管理咨询常被组织核心领导人忽视，他们在做问题分析时常常归因于“缺人”而不是其他。对于初创期的社会组织而言，可能有一两位稳定的、专业的全职人员都是一个相对奢侈的想法。但无论怎样，随着政策环境的改善、精英人才的跨界参与、社会组织行业的沉淀与发展，越来越多的组织领导人开始关注人力资源管理的重要性。对于我们管理咨询从业人员、枢纽型社会组织工作人员而言，需要适时给予智慧的支持，增强历史使命感，促进社会组织行业人才的优质成长。

二、深入诊断组织人力资源问题

（一）资源收集

咨询项目组可通过罗列信息清单的方式，让组织提供相关原始资料，并做好登记、整理。继而通过项目组内部讨论会的方式对收集到的信息进行共享、消化，生成初步的诊断意见，然后依据初步诊断意见编写访谈提纲、选择调研问卷，准备调研活动。

一般而言,此环节主要围绕组织人力资源诊断的基本内容而展开,分别如下:

组织诊断：包括有无推行标准化、有无提案制度（及采纳率）、是否经常性研究工作手续、是否对工作繁简进行验证及调整、必要的资料及设备是否齐全、对组织人力资源问题的认识是否准确、人力资源管理程序是否有效、是否会开展组织人力资源计划自我诊断等。

考核诊断：包括是否有成熟的考核规程、考核方法是否适当、考核间隔时间是否合理、考核记录是否完整等。

培训诊断：包括有无员工培训教育计划、培训教育开展是否与工作安排有机结合、培训教育开展是否与人员晋升有机结合、培训教育的安排是否合适、培训教育组织者的资质是否合适等。

工资诊断：包括工资总额、工资体系、基本工资与奖金的诊断等。

组织成员访谈与问卷调研分析：包括组织的核心领导人、项目主管或团队负责人、一线社工等，尽量覆盖组织的领导层、管理层、执行层等各个层面的组织成员。

编写人力资源诊断报告，客观呈现该组织在人力资源管理方面存在的问题及导致问题产生的原因，针对性地提出解决问题的方案。

（二）方案设计

社会组织人力资源管理咨询方案的设计，除了基于组织诊断的基础外，还须注意以下四个方面的考量：基于组织所处的行业性质、组织发展战略、组织发展的内外部环境，明确该组织关键职位所需的技术类型及人员数量；咨询人员应在大面积访谈点的基础上，结合组织成员的价值定位，优化组织的人力资源管理流程，包括岗位设计、招聘、培训发展、考核评价、薪酬激励等；始终围绕薪酬结构与组织的发展阶段相匹配这个基本实际进行方案设计，明晰初创期、成长期、发展期、再发展或衰退期不同的薪酬设置方式；虽然在社会组织行业，普遍未实行有效而规范的员工考核，但是从咨询人员的角度，应在咨询过程中渗透规范员工考核的理念以及明确组织在不同发展阶段不同的考核侧重。

（三）辅助实施与后续服务

方案实施准备：制订人力资源改善方案实施计划，并获得组织核心领导人、骨干成员的理解与支持，召开实施动员大会，做好实施宣传及新制度培训。

方案试行：一般人力资源方案，特别是涉及员工绩效考核的方案，应先试行一段时间，以免幅度过大组织成员产生抵触、不理解情绪，造成组织人力资源波动。

方案推行：结合试行意见，优化、调试人力资源改善方案，并建立好组织成员动态随访制度。

咨询项目组内部进行复盘总结，积累组织人力资源咨询经验，并派咨询专员处理后续方案实施问题。

三、社会组织人力资源管理咨询工作方法

具体内容参见第六章第三节“六、常用调查方法”，这里不再详述。

四、社会组织人力资源管理咨询常用工具

（一）人岗匹配分析工具——胜任素质模型

胜任素质（能力）模型（Competency Model）又叫素质模型。Competency 即“素质、资质、才干”，是指驱动员工产生优秀工作绩效的各种个性特征的集合，它反映的是可以通过不同方式表现出员工的知识、技能、个性与内驱力等，能力是判断一个人能否胜任某项工作的优点，是决定并区别绩效差异的个人特征。主要包括以下各项：

知识：某一职业领域需要的信息（如人力资源管理的专业知识）。

技能：掌握和运用专门技术的能力（如英语读写能力、计算机操作能力）。

社会角色：个体对于社会规范的认知与理解（如想成为工作团队中的领导）。

自我认知：对自己身份的知觉和评价（如认为自己是某一领域的权威）。

特质：某人所具有的特征或其典型的行为方式（如喜欢冒险）。

动机：决定外显行为的内在稳定的想法或念头（如想获得权利、喜欢追求名誉）。

组织会根据岗位的要求以及组织环境，明确能够保证员工胜任该岗位工作、确保其发挥最大潜能的胜任特征，并以此为标准来对员工进行挑选。这就要运用胜任特征模型分析法提炼出能够对员工的工作有较强预测性的胜任特征，即员工最佳胜任特征能力。交集部分是员工最有效的工作行为或潜能发挥的最佳领域。

个人的胜任力：指个人能做什么和为什么这么做。

岗位工作要求：指个人在工作中被期望做什么。

组织环境：指个人在组织管理中可以做什么。

（1）确定研究职位。咨询人员在基于组织诊断意见，经过与组织核心领导人沟通后，结合组织发展战略、组织文化、组织价值观，确认需要进行胜任力匹配研究的岗位。

（2）定义绩效标准。咨询人员通过工作分析法，明确工作的具体要求，提炼出鉴别优秀员工与一般员工的标准。再通过专家小组讨论的方法，由组织核心领导者、管理层人员以及咨询组成员共同组建专家小组，就岗位任务、责任、绩效、胜任特征进行确定。

（3）选取分析样本。根据岗位要求，分别从绩效优秀、绩效普通的员工中抽取一定数量的员工进行调查，将该职位的绩优标准分解细化成为一些具体的任务要项，以此发现并归纳驱动任职者产生高绩效的行为特征。

（4）获取有关胜任特征的数据资料。咨询人员可通过行为事件访谈法，收集数据资料，编写行为访谈报告。

行为事件访谈法是一种开放式的行为回顾式调查技术，类似于绩效考核中的关键事件法。它要求被访谈者列出他们在管理工作中发生的关键事例，包括成功事件、不成功事件或负面事件各三项，并且让被访者详尽地描述整个事件的起因、过程、结果、时间、相关人物、涉及的范围以及影响层面等。同时，要求被访者描述自己当时的想法或感想，例如是什么原因使被访者产生类似的想法以及被访者是如何达成自己的目标等，在行为事件访谈结束时最好让被访谈者自己总结一下事件成功或不成功的原因。

（5）建立胜任特征模型。通过行为访谈报告提炼胜任特征，对行为事件访谈报告进行内容分析，记录各种胜任特征在报告中出现的频次。然后对优秀组和普通组的要素指标发生频次和相关的程度统计指标进行比较，找出两组的共性与差异特征。根据不同的主题进行特征归类，并根据频次的集中程度，估计各类特征组的大致权重。

（6）验证胜任特征模型。咨询人员要和人力资源管理的各项工作进行衔接，并通过沟通、交流和培训向组织各个层级的员工宣传、推广，获得理解和认同，以保证实施效果。通过对素质模型进行验证和评估，对发现的问题做必要的改进，不断完善素质模型，以保证其效度。

（二）员工行为改变促进工具——360 度绩效考核法

360 度绩效考核法指的是在社会组织员工绩效评估过程中，将各种考核方法得到的绩效信息综合使用，并产生全方位（360 度）考核和反馈体系。这种评价法有助于降低偏见、促进组织成员自我发展。评价来源一般包括如下几种：

自我评价：管理人员的自我评价有助于其根据绩效表现评估自身能力，并据此设定未来的目标；员工的自我评价，通常会降低自我防卫意识，从而了解自己的不足，进而愿意加强、补充自己尚待开发或不足之处。

同事的评价：通过同事互评绩效的方式，来达到绩效评估的目的。

下属的评价：这种向上反馈的绩效评估方式对上级主管发展潜能的开发特别有价值。管理者可以通过下属的反馈，清楚地知道自己的管理能力有什么地方需要加强。若自己对自己的了解与部属的评价之间有太大落差，则主管亦可针对这个落差，深入了解其中的原因。

主管的评价：主管的评价是绩效评估中最常见的方式，即绩效评估的工作由主管来执行。在绩效评估的系统建立上，咨询人员亦可考虑将多主管、矩阵式的绩效评估方式纳入绩效评估系统之中。

利益相关方的评价：社会组织的利益相关方较为多元，也在一定程度上影响着组织的影响力和公信力建设，包括委托方、服务对象、志愿者等。从他们口中来了解对该组织、组织成员的评价状况，也极具参考价值。

1. 启动阶段

首先，咨询人员要争取组织核心领导人的理解与支持，并通过广泛的动员让组织成员理解开展 360 度评估的目的和作用，建立起信任感；其次，组建 360 度绩效评估队伍（或使用原有的人力资源职能部门），并对其进行评估技术培训；再者，设计 360 度反馈问卷，并进行试测，优化问卷。

2. 实施阶段

尽量采用匿名、保密的方式，开展 360 度绩效评估。一般而言，各类评估人数以 3 ~ 5 人为下限。评估结束后，统计分析结果。

3. 反馈阶段

咨询人员须将统计结果向受评者进行反馈，帮助其全面了解自己的长处和短处。反馈过程中，注意营造“安全”的氛围，提高评估成效。

4. 注意事项

适用对象。该工具一般适用于成长期、发展期的社会组织，发展战略、组织架构、项目团队都相对稳定。

评估内容设定。每个类别一般需要 5 ~ 10 名评估者，每个评估表一般有 5 ~ 15 个项目，30 分钟内可完成。

评估结果的反馈方式。在建立起充分的信任和理解之前，建议评估结果通过匿名的形式进行反馈，之后可以通过公开的形式进行反馈。

评估方法的选取。360 度评估法主要评估一些具体的、可观察的行为，因此，评估问题的设计需要含义清晰、无歧义，关键内容需要进行充分的讲解或说明，与被评估者的实际工作黏度较高。

评估者的选取。评估队伍的组建，以及评估者的选取，一般从四个方面进行考虑：评估者了解被评估者时间的长短；评估者与被评估者接触时间的长短；评估者被评估者的工作性质的认识有多少；两者之间的关系不要过于融洽或者过于不融洽。

（三）目标导向下的参与式绩效考核工具——目标管理法

目标管理是指由组织成员共同决定具体的绩效目标，并且定期检查完成目标进展情况的一种管理方式。它使社会组织中的上级和下级一起协商，根据社会组织的使命确定一定时期内组织的总目标，由此决定上下级的责任和分目标，并把这些分目标作为社会组织绩效来考核每个部门和个人绩效产出对组织贡献的标准，即由此而产生的奖励或处罚则根据目标的完成情况来确定。目标管理能更好地将个人目标和组织目标有机结合起来，达成一致。

首先，制定目标上下级共同确定各个层级所要达成的绩效目标，包括所期望达到的结果，以及为达到这种结果所应采取的方式、方法。绩效目标要符合SMART原则。高层管理人员，要明确社会组织愿景使命、任务与战略目标；中层管理人员，要明确任务与战略目标、具体的社会组织绩效目标和部门绩效目标；基层实务人员，要明确部门绩效目标和个人绩效目标。

其次，制定被考核者达到目标的时间框架，让组织成员知晓时间节点，以便进行合理的工作安排。

再次，将实际达到的绩效水平与预先设定的绩效目标相比较，其结果一方面用来确认员工培训需求，另一方面也有助于确定下一绩效考核周期的各级绩效指标，还能提醒上级考核者注意到组织环境对下属工作表现可能产生的影响。

最后，制定新的绩效目标，以及为达到新的绩效目标而可能采取的新战略。

（四）职业兴趣测验工具——霍兰德职业兴趣理论

职业兴趣是职业选择中最重要的因素，是一种强大的精神力量。职业兴趣测验可以帮助个体明确自己的主观性向。

约翰·霍兰德（John Holland）于1959年提出了具有广泛社会影响的职业兴趣理论，认为人的人格类型、兴趣与职业密切相关，兴趣是人们活动的巨大动力，凡是具有职业兴趣的职业，都可以提高人们的积极性，促使人们积极地、愉快地从事该职业，且职业兴趣与人格之间存在很高的相关性。Holland认为人格可分为社会型、企业型、常规型、实际型、调研型和艺术型六种类型。

社会型（S）：喜欢与人交往、不断结交新的朋友、善言谈、愿意教导别人；关心社会问题、渴望发挥自己的社会作用；寻求广泛的人际关系，比较看重社会义务和社会道德。

企业型（E）：追求权力、权威和物质财富，具有领导才能；喜欢竞争、敢冒风险、有野心、抱负；为人务实，习惯以利益得失、权利、地位、金钱等来衡量做事的价值，做事有较强的目的性。

常规型（C）：尊重权威和规章制度，喜欢按计划办事，细心、有条理，习惯接受他人的指挥和领导，自己不谋求领导职务；喜欢关注实际和细节情况，通常较为谨慎和保守，缺乏创造性，不喜欢冒险和竞争，富有自我牺牲精神。

实际型（R）：愿意使用工具从事操作性工作，动手能力强，做事手脚灵活，动作协调；偏好于具体任务，不善言辞，做事保守，较为谦虚；缺乏社交能力，通常喜欢独立做事。

调研型（I）：抽象思维能力强，求知欲强，肯动脑，善思考，不愿动手；喜欢独立的和富有创造性的工作；知识渊博，有学识才能，不善于领导他人。考虑问题理性，做事喜欢精确，喜欢逻辑分析和推理，不断探讨未知的领域。

艺术型（A）：有创造力，乐于创造新颖、与众不同的成果，渴望表现自己的个性，实现自身的价值；做事理想化，追求完美，不重实际；具有一定的艺术才能和个性；善于表达、怀旧，心态较为复杂。

大多数人并非只有一种性向（比如，一个人的性向中很可能同时包含着社会性向、实际性向和调研性向这三种）。霍兰德认为，这些性向越相似，相容性越强，则一个人在选择职业时所面临的内在冲突和犹豫就会越少。为了帮助描述这种情况，霍兰德建议将这 6 种性向分别放在一个正六三角形的每一角。

每一种类型与其他类型之间都存在不同程度的关系，大体可描述为三类：

（1）相邻关系，如 RI、IR、IA、AI、AS、SA、SE、ES、EC、CE、RC 及 CR。属于这种关系的两种类型的个体之间共同点较多，现实型 R、研究型 I 的人都不太偏好人际交往，这两种职业环境中也都较少机会与人接触。

（2）相隔关系，如 RA、RE、IC、IS、AR、AE、SI、SC、EA、ER、CI 及 CS，属于这种关系的两种类型个体之间的共同点较相邻关系少。

（3）相对关系，在六边形上处于对角位置的类型之间即为相对关系，如 RS、IE、AC、SR、EI 及 CA，相对关系的人格类型共同点少，因此，一个人同时对处于相对关系的两种职业环境都兴趣很浓的情况较为少见。

人们通常倾向选择与自我兴趣类型匹配的职业环境，如具有现实型兴趣的人希望在现实型的职业环境中工作，可以最好地发挥个人的潜能。但职业选择中，个体并非一定要选择与自己兴趣完全对应的职业环境。一是因为个体本身常是多种兴趣类型的综合体，单一类型显著突出的情况并不多，因此评价个体的兴趣类型时常以其在六大类型中得分居前三位的类型组合而成，组合时根据分数的高低依次排列字母，构成兴趣组型，如 RCA、AIS 等；二是因为影响职业选择的因素是多方面的，不完全依据兴趣类型，还要参照社会的职业需求及获得职业的现实可能性。因此，职业选择时会不断妥协，寻求相邻职业环境甚至相隔职业环境，在这种环境中，个体需要逐渐适应工作环境。

第二节　志愿者管理咨询

一、社会组织志愿者管理咨询主要内容

志愿者是社会组织非常重要的人力资源，他们强调价值观和责任感，强调对社会和他人的关怀。所谓志愿者管理，是在人本主义管理理念下，运用现代管理专业技能，通过计划、组织、协调和激励，合理配置人力资源，支持志愿者自愿、不为报酬而有效地完成社会服务与发展的使命目标，满足服务对象的需求，同时使提供服务的志愿者获得自我价值实现，创造多重社会价值的系列活动。

那么，社会组织志愿者管理咨询便是在咨询人员的帮助下，完善组织志愿服务目标、回应志愿服务需求、优化志愿者资源配置，订立长远的志愿者人力资源管理政策、组织架构和协调系统，确保志愿者资源最大化利用，提高志愿者服务成效。

二、社会组织志愿者管理咨询操作细则

（一）志愿者管理咨询诊断

咨询人员可通过访谈、文献收集等方式，对组织的志愿者管理现状进行深度的调查、全面的诊断，具体如下：

志愿服务发展的要素诊断：包括志愿者（兴趣爱好、内在追求、自我认知、对志愿服务的理解等）、组织内志愿服务文化（对志愿者的重视程度、依赖程度，以及组织的项目管理水平等）、服务对象/社区（需求痛点、开放包容等）、外部生态环境（社会认可度、美誉度等）等四大要素进行诊断。

组织志愿者管理流程诊断：咨询人员须充分了解组织等志愿者管理流程运作情况，包括环节是否完备、是否精细化运作等。其流程主要包括志愿服务的规划、志愿服务基础保障和风险管理、志愿服务岗位开发、志愿者招募及选拔

匹配、志愿者入职培训及督导支持、志愿者的认可和激励、志愿者的退出和保留、志愿服务的监测和评估及成果转化等8个环节。

志愿服务规划诊断：咨询人员须通过诊断，明确组织的志愿服务规划是否满足组织的两个基本方面：一是战略正确——使组织资源和环境有良好匹配；二是战略合适——适合组织的管理过程，与组织活动相匹配。

志愿服务基础保障诊断：咨询人员需要了解机构内部有无志愿者管理制度或标准化志愿者手册、有无基本的物质保障（餐费、交通和保险补贴等）、有无相关培训、有无风险管理、有无过程督导和志愿者个人发展的支持等。

志愿服务岗位诊断：咨询人员须了解组织的志愿服务岗位开发的流程和步骤，包括是否进行了志愿服务需求评估、是否对组织活动进行任务分解、是否对岗位进行了详细描述等。

志愿服务监测评估诊断：了解组织是否对志愿服务活动或者项目是否按照预期计划进行的动态监督与静态总结考评。

编写志愿者管理咨询诊断报告，并与组织核心领导人、管理层成员、核心志愿者骨干进行沟通确认。

（二）方案设计

依据诊断报告，形成初步的志愿者管理咨询改善方案。

与组织核心领导人、管理层成员、核心志愿者骨干就方案内容进行全方位沟通。

咨询项目组依据沟通意见，内部优化方案内容，并及时进行方案汇报。

调整确定方案。

（三）辅助实施与后续服务

一方面开展项目内部的复盘总结，另一方面及时跟进组织的志愿者管理状况，做好跟进随访。

三、社会组织志愿者管理咨询常用工具

（一）志愿者优势识别工具——盖洛普优势识别器

优势由才干、技能和知识组成。才干（talents）是你油然而生并贯穿始终

的思维、感觉或行为模式。优势识别器所评测的便是你的各种才干主题。知识（knowledge）由所学的事实和课程组成。技能（skills）是做一件事的步骤。这三者合在一起就构成了你的优势。技能和知识可以很容易被教会，而才干则不能。要想把人管好，先要把人看好，把人用对，重在发挥他们的优势而不是克服他们的缺点。

盖洛普首先通过大量的实证研究，把五彩缤纷的人类才干归纳为“交往”“奋斗”“影响”和“思维”这四组共34个主题。才储团队在盖洛普理论的基础上，根据本土语言习惯和文化背景对模型及问卷进行了大刀阔斧的重构，让问卷更加通俗易懂并富有时代感，更容易理解，选择起来更舒服和自然。同时，才储团队在原始模型的基础上增加了“亲和”与“诚实”两大主题。因此，优势识别共有36个主题：亲和、诚实、成就、行动、适应、分析、统筹、信仰、统率、沟通、竞争、关联、回顾、审慎、伯乐、纪律、体谅、公平、专注、前瞻、和谐、理念、包容、个别、搜集、思维、学习、完美、积极、交往、责任、排难、自信、追求、战略、取悦。

在线测试（http：//www.apesk.com/advantage-detecting/）完成后，系统会自动生成分析报告，把志愿者个人的优势特征进行详细的解读，供社会组织招聘志愿者时参考。

（二）志愿者性格分析工具——九型人格心理测验

正如前文所述，志愿者是基于道义、信念、良知、同情心和责任感而从事公益事业的人群。因而，精准把脉志愿者的深层价值观，并与社会组织的使命、愿景、服务理念做匹配，有助于更好地达成志愿服务成效。九型人格揭示了人们内在最深层的价值观和注意力焦点，它不受表面的外在行为的变化的影响。它可以让人真正地知己知彼；可以帮助人们明白自己的个性，从而完全接纳自己的短处、活出自己的长处；可以让人明白其他不同人的个性类型，从而懂得如何与不同的人交往沟通和融洽相处，与别人建立更真挚、和谐的合作伙伴关系。因而，九型人格不仅仅是一种精妙的性格分析工具，更主要的是为个人修养、自我提升和历练提供更深入的洞察力。

九型人格理论认为，人格被分为九型：1号完美型，2号助人型，3号成就型，4号独特性，5号研究型，6号忠诚型（疑惑型），7号活跃型，8号领袖型，9

号和平型。每个人，必然属于九型人格中的一型。而这个型就是九型人格概念表中你所属的基本人格类型。一个人的基本人格类型是不会变的，特定前提下，可能有某部分的隐藏或调整，却不会真正改变。

虽然人的基本性格类型不会改变，但是某一型的典型描述，却不见全然符合某一个人。人们为了顺应成长环境、社会文化，在安定或压力的情况下，有可能出现一些差异。每一个人的成长环境都是独一无二的，所以同类型人之间可能有许多共同点，却也各自拥有一些属于自己最特殊的特质。

九型人格中，没有哪一型是全然属于“男人的型”，而哪一型又是“女人专属”。每一型的人都各有其优缺点。没有哪一型是好的，哪一型是不好的。

四、社会组织志愿者管理咨询注意事项

（一）志愿服务岗位设计注意事项

高校大学生一直是社会组织志愿者力量中不可或缺的一部分。现如今，这类群体在物质、信息方面相对丰富，个性更加张扬。除此以外，一些有专业能力、经验较为丰富的专家型志愿者，也日渐成为社会组织在开展资源整合和落地服务时的重要抓手。

面对如上志愿者群体，咨询人员可建议社会组织采用半结构化的方式设计志愿服务岗位，岗位设计不宜太满，不要太细致，以期让他们有更多的成就感。

（二）志愿者团队管理注意事项

一个志愿者团队从形成、运行到最终结束，一般包括五个阶段：形成期、锤炼期、规范期、运行期、休整期 / 解散 / 转化。帮助社会组织认识志愿者团队各个阶段的工作重点，有助于社会组织更好地开展志愿者管理工作。

形成期：了解团队成立的原因、使命和任务；确定团队目标、规模和领导人。

锤炼期：建立团队规则，促进冲突解决，尊重差异，协调成员关系。

规范期：提高成员的责任心，鼓励成员相互合作。

运行期：凝聚力、积极评价、迅速反馈；做好志愿服务的总结和评估工作。

休整期：完成任务、解散、成果评价；尽早进行团队转化。

当然，如果一个志愿者团队是伴随着项目而产生的，那么志愿者团队的生

命周期就会与项目的生命周期相连，项目管理从“事”的角度——前期需求调研，立项，计划，实施，评估，结束阶段——对应团队的生命周期——形成，锤炼，规范，运行和结束期。

综上，咨询人员须帮助社会组织认识到，志愿者团队的管理不是基于某一个职位的，对不同阶段应有不同的管理风格：形成期和结束期，可以是指导型的，锤炼期是影响型的；规范期是参与型的，运行期是授权型的。

（三）志愿者培训注意事项

社会组织在开展志愿者培训时，往往东一榔头西一棒槌，缺乏体系化。咨询人员也应在咨询过程中，有意渗透标准化的志愿服务理念，帮助社会组织生成志愿者培训课程清单，以便开展志愿者培训时可针对性地选取培训内容。

志愿服务通用知识培训：包括志愿服务的基础概念，志愿服务的基本伦理和原则，志愿服务的目的和要求，志愿者的权利和义务等。

专业知识培训：针对志愿服务中所需的专门的技能进行的有针对性的培训。比如助老志愿服务需要的护理专业知识培训，临终关怀志愿服务，应急救援志愿服务，社区发展志愿服务，助残志愿服务，大型赛会志愿服务等相关专业知识的培训。

管理知识培训：主要针对志愿服务的管理人员和骨干志愿者。随着志愿者队伍的发展壮大，志愿者需要进行自我管理，因此需要对志愿者中的管理人员进行工作所需的计划、组织、协调等管理知识的培训。

素质提升培训：素质提升培训是志愿者培训中的重要内容，包括沟通聆听技巧，关系建立技巧，自我觉察及自信心的提升等。素质提升有助于志愿者自我能力培养和自我价值的实现。赛会志愿者培训内容包括通用培训、专业培训、场馆培训和岗位培训。

第九章 社会组织项目管理与品牌管理咨询

第一节 社会组织项目管理咨询

一、社会组织项目管理咨询

社会组织项目管理，指的是组织在使命价值观指引下，为达成一定的服务目标，在一定的时间周期内充分利用人财物等资源而开展的系列计划、组织、领导和控制的管理活动，呈现出公共性、服务性、非营利性和透明性等特征。一般包括范围管理、沟通管理、时间管理、风险管理、成本管理、采购管理、质量管理、综合管理和人力资源管理9个方面。在具体开展时，多体现为组织、进度控制、费用控制、质量控制和合同管理。这五项也是开展社会组织项目管理咨询的重点内容。

所谓社会组织项目管理咨询，便是在专业咨询人员的协助下，运用系统理论和方法，为组织提供的智力型支持过程，以期全面提高组织的计划、组织、指挥、协调、控制和评价等项目管理成效。

二、社会组织项目管理咨询操作细则

（一）项目管理咨询诊断

项目的组织诊断：项目的组织是为了保证项目所有关系人的能力和积极性得到最有效的利用而采取的一系列步骤。咨询人员应在开展项目的组织诊断时，了解清楚项目的组织关系、项目的组织结构、有无项目管理制度、有无项目组内部经验传递机制、项目创新奖励机制等。

项目进度控制诊断：项目的进度控制，是为确保项目各部分工作按时完成

所需要的一系列过程。咨询人员要精准判断出组织的项目进度控制现状，包括有无项目进度控制方案、有无项目进度控制计划、有无实施有效的进度控制等；

项目费用控制诊断：对社会组织而言，资方及其资金属性往往决定着项目费用的使用规范。咨询人员须帮助组织厘清不同项目的费用控制办法，包括静态控制（编制费用支出计划、审核费用支出情况等）和动态控制（分析费用变化情况、研究费用减少途径、费用控制措施等）。

项目质量控制诊断：项目的质量控制，是为确保项目达到其质量目标所需要实施的一系列措施。咨询人员须深度诊断组织的质量控制举措，包括有无设定项目实施的质量目标和防范措施、组织内部有无质量监测机制、项目质量问题出现率等。

项目合同管理诊断：社会组织的项目有着明确的服务对象属性界定、服务区域限定、服务人数限定、服务频次限定等，因此，咨询人员在开展合同管理诊断时，须和组织共同明确项目的合同条款，了解组织的合同履行情况以及项目变动有无申请程序等。

编写项目管理咨询诊断报告，对组织的项目管埋现状进行综合判定。

（二）方案设计

依据诊断报告，形成初步的项目管理咨询改善方案；与组织核心领导人、项目主管就方案内容进行全方位沟通。特别是对于有多个公益项目类型、多个资金来源渠道的社会组织而言，项目管理改善方案须体现通用性和特色性；咨询项目组依据沟通意见，内部优化方案内容，并及时进行方案汇报；调整确定方案。

（三）辅助实施与后续服务

一方面开展项目内部的复盘总结，做好社会组织项目管理案例总结输出；另一方面咨询人员须及时跟进组织的项目管理状况，内化组织成员项目管理规范，并做好跟进随访。

三、社会组织项目管理咨询常用工具

（一）项目拆解工具——工作分解结构（WBS）

创建工作分解结构（Work Breakdown Structure），是指按阶段可交付成果将项目工作分解成较小的、更易于管理的组成部分的过程，即对项目进行任务分解，生成子目标。

1. 创建方法

一是类比方法。参考类似项目的 WBS 创建新项目的 WBS。二是自上而下的方法。从项目的目标开始，逐级分解项目工作，直到参与者满意地认为项目工作已经充分得到定义。该方法可以将项目工作定义在适当的细节水平，对于项目工期、成本和资源需求的估计比较准确。

创建 WBS 时需要满足以下几点基本要求：某项任务应该在 WBS 中的一个地方且只应该在 WBS 中的一个地方出现。WBS 中某项任务的内容是其下所有 WBS 项的总和。每个 WBS 项只能由一个人负责，即使许多人都可能在其上工作，也只能由一个人负责，其他人只能是参与者。WBS 必须与实际工作中的执行方式一致。应让项目团队成员积极参与创建 WBS，以确保 WBS 的一致性。每个 WBS 项都必须文档化，以确保准确理解已包括和未包括的工作范围。WBS 必须在根据范围说明书正常地维护项目工作内容的同时，也能适应无法避免的变更。WBS 的工作包的定义不超过 40 个小时，建议在 4~8 个小时。WBS 的层次不超过 10 层，建议在 4~6 层。

2. 创建过程

项目组内创建 WBS 的过程非常重要，因为在项目分解过程中，项目主管、项目成员和所有参与项目的部门都必须考虑该项目的所有方面。

得到范围说明书（Scope Statement）或工作说明书（Statement of Work，承包子项目时）。在社会组织领域主要表现为项目申请书或者标书。

召集有关人员，集体讨论所有主要项目工作，确定项目工作分解的方式并进行项目工作分解。

画出 WBS 的层次结构图。WBS 较高层次上的一些工作可以定义为子项目或子生命周期阶段。将主要项目可交付成果细分为更小的、易于管理的组分或工作包。工作包必须详细到可以对该工作包进行估算（成本和历时）、安排进度、做出预 算、分配负责人员或组织单位。

验证上述分解的正确性。如果发现较低层次的项没有必要，则修改组成成分。建立一个编号系统。随着其他计划活动的进行，不断地对 WBS 进行更新或修正，直到覆盖所有工作。

（二）项目控制管理工具——甘特图

1. 创建方法

甘特图（Gantt chart）又称为横道图、条状图（Bar chart）。其通过条状图来显示项目，进度，和其他时间相关的系统进展的内在关系随着时间进展的情况。一条线条图，横轴表示时间，纵轴表示项目，线条表示期间计划和实际完成情况。直观表明计划何时进行，进展与要求的对比，便于管理者弄清项目的剩余人物，评估工作进度。

甘特图包含以下三个含义：以图形或表格的形式显示活动、通用的显示进度的方法、构造时含日历天和持续时间（不将周末节假算在进度内）。

2. 创建过程

明确项目牵涉的各项活动、项目。内容包括项目名称（包括顺序）、开始时间、工期，任务类型（依赖 / 决定性）和依赖于哪一项任务。

创建甘特图草图。将所有的项目按照开始时间、工期标注到甘特图上。

确定项目活动依赖关系及时序进度。使用草图，按照项目的类型将项目联系起来，并安排项目进度。此步骤将保证在未来计划有所调整的情况下，各项活动仍然能够按照正确的时序进行。也就是确保所有依赖性活动能并且只能在决定性活动完成之后按计划展开。

同时，避免关键性路径过长。关键性路径是由贯穿项目始终的关键性任务所决定的，它既表示了项目的最长耗时，也表示了完成项目的最短可能时间。请注意，关键性路径会由于单项活动进度的提前或延期而发生变化。而且要注意不要滥用项目资源，同时，对于进度表上的不可预知事件要安排适当的富裕时间（Slack Time）。但是，富裕时间不适用于关键性任务，因为作为关键性路径的一部分，它们的时序进度对整个项目至关重要。

计算单项活动任务的工时量。确定活动任务的执行人员及适时按需调整工时。计算整个项目时间。

（三）有效控制管理过程和工作质量的工具——PDCA 循环

1. 创建方法

PDCA 循环是美国质量管理专家休哈特博士首先提出的，由戴明采纳、宣传，获得普及，所以又称戴明环。PDCA 循环的含义是将质量管理分为四个阶段，即计划（Plan）、执行（Do）、检查（Check）、处理（Act）。在质量管理活动中，要求把各项工作按照做出计划、计划实施、检查实施效果，然后将成功的纳入标准，不成功的留待下一循环去解决。这一工作方法是质量管理的基本方法，也是企业管理各项工作的一般规律。

P（Plan）计划，包括方针和目标的确定，以及活动规划的制订。

D（Do）执行，根据已知的信息，设计具体的方法、方案和计划布局；再根据设计和布局，进行具体运作，实现计划中的内容。

C（Check）检查，总结执行计划的结果，分清哪些对了，哪些错了，明确效果，找出问题。

A（Act）处理，对总结检查的结果进行处理，对成功的经验加以肯定，并予以标准化；对于失败的教训也要总结，引起重视。对于没有解决的问题，应提交给下一个 PDCA 循环中去解决。

以上四个过程不是运行一次就结束，而是周而复始地进行，一个循环完了，解决一些问题，未解决的问题进入下一个循环，这样阶梯式上升。

2. 创建过程

计划阶段，制定质量目标、活动计划、管理项目和措施方案。

计划阶段还包括下列工作内容：分析现状，找出存在的质量问题；分析产生质量问题的各种原因和影响因素；从各种原因中找出影响质量的主要原因；针对影响质量的主要原因，制定技术组织措施方案，提出措施执行计划和预计效果，并具体落实到执行者、实践进度、地点、部门和完成方法等方面。

执行阶段，将制订的计划和措施，具体组织实施和执行。

检查阶段，把执行的结果与预定的目标对比，检查计划执行的情况，是否达成预期效果，哪些做对了，哪些做错了，成功经验是什么，失败教训是什么，原因在哪里。

行动阶段，总结经验教训，记录在案，作为借鉴；把没有解决的遗留问题转入下一个管理循环，作为下一阶段的计划目标。

四、社会组织项目管理咨询注意事项

不同阶段项目管理咨询的侧重点要有所不同

1. 项目启动与规划阶段

想做什么事情。咨询人员须帮助社会组织厘清其想做的项目内容，既基于组织使命、愿景、价值观、发展战略，也精准回应社会需求痛点。

能做什么事情。咨询人员应当帮助组织开展资源评估，了解组织项目开展的条件状况。

该做什么事情。确定项目意向和实施条件后，咨询人员需要协助组织树立目标感和指标感，形成逻辑闭环。

做好什么事情。为了进一步达成项目成效，咨询人员可结合组织成员的个人能力、团队能力、服务对象能力等，帮助组织树立优势视角，为未来更好地完成项目做铺垫。

2. 项目执行与监测阶段

咨询人员须帮助组织掌握项目成功的要素，包括满足受益人需求、清楚界定目标、获得利益相关方支出、组织管理协调、财务管理规范、项目负责人高效统筹、有效开展内部监测等。

咨询人员也需要让组织认识到保障性措施的重要性，包括资源的保证、牵头人的落实、受益人的参与、人员的培训、制定项目管理制度和办法、利益相关者的支持与参与、媒体的宣传等。

3. 项目知识生产阶段

帮助组织认识到项目知识管理的重要性。项目的会议记录、表格、清单、里程碑成果，都是项目过程中非常重要的知识资产，有助于转化成组织的核心产品技术。因此，咨询人员要帮助组织建立项目知识管理的意识，并通过机制加以审核。同时，咨询人员也须协助组织熟悉知识管理阶段，提前做好应对，提高项目管理成效。

知识无序阶段：项目的知识是零碎的，很难得到共享，也缺乏必要的技术手段。

知识反应阶段：对日常所用知识已经文本化，但知识创新仍属于特殊行为；技术上存在基本的知识记录系统，但数据格式仍然不规范，数据集成层次比较低，知识浪费现象比较严重。

知识意识阶段: 有透明的知识管理和维护机制，存在逻辑化的知识内容结构，知识内容不断增长并得到有效的维护；在技术上具备了基本的信息系统，实现了对知识的单点访问能力，但知识仍没有得到有效集成。

知识确认阶段：组织成员能够随时随地地使用和学习知识；技术上建立了整合的知识基础结构，知识内容与业务过程得到了有效集成。

知识共享阶段：共享知识已经制度化；组织在决策、管理和运作的各个层次都和知识紧密结合，持续改善知识生产过程，知识内容不断创新；技术在某种程度上已经成了组织的核心力量之一。

第二节　社会组织品牌管理咨询

一、社会组织品牌管理咨询

品牌是一种存在于受众心目中用以区别于其他组织、产品的标志或服务的名称、术语、标记、符号或设计，或是它们的组合体。社会组织品牌，指的是社会组织在服务理念、组织文化等特质的基础上，通过其服务水平的社会认可度与美誉度，以社会组织名称外显的“组织身份”，具有组织识别、信任促进、资源获取和管理优化的功能。社会组织通过品牌管理，给利益相关者提供更优价值，给组织带来更高绩效。

社会组织品牌管理咨询，就是在专业咨询人员的支持下，通过深入调查、分析，找出组织在品牌管理方面的问题及其产生的原因，并通过提出科学的、切实可行的解决方案，指导方案的实施，以提高组织品牌管理成效的智力服务过程。

二、社会组织品牌管理咨询操作细则

（一）组织品牌管理诊断

组织战略复盘：咨询人员要同社会组织进行组织的战略定位、长期目标和短期目标的确认，明确组织的使命、愿景、价值观。这是因为品牌定义必须与机构战略相协同，才能彰显机构特质、吸引目标受众，充分传递自身价值。因此，在进行品牌定义之前，需要对机构的发展战略进行复盘，以确认其足够清晰明确、

符合市场发展趋势且与机构自身能力相匹配。

品牌战略诊断：咨询人员需要了解组织对品牌的理解和规划的全面程度，以及过往品牌设计的方法。除此以外，咨询人员还需要判断出组织对市场和目标受众的全面理解和洞察能力。

品牌产品力诊断：咨询人员需要对组织进行产品力的综合诊断，分析其在产品管理上的专业化程度和产品创新能力。

品牌投资力诊断：社会组织的发展规划要和品牌发展高度一致，并要根据品牌建设的规划持续合理地投入资源，将品牌建设纳入机构的预算，持续投资组织规划的品牌，培养品牌管理的人才，定期学习品牌相关知识，使得品牌逐渐产品化、商标化，从而实现品牌的效益。因此，咨询过程中须对组织的品牌投资力进行了解，判断其投入情况，以便后期提供详尽的改善建议。

品牌监测力诊断：对于社会组织而言，品牌的建立是一个系统性、需要不断更新完善的过程。因此，咨询人员在工作过程中，应从不同的利益相关方来进行 360 度的调研评估、跟踪监测，定期从品牌的认知度、美誉度和忠诚度等多维度来评估品牌建设的情况，以让组织时刻保持对自身的客观正确的认知。

品牌传播力诊断：当前阶段，社会组织对自身品牌的传播更多地表现为“力不从心”。咨询人员需要综合审视该组织的过往营销实践，分析其成功和失败之处，以便后期为其量身定做合适的营销方案，如借助一些相关的新闻热点进行事件营销、广告营销等多种方式来扩大品牌的影响力等。

撰写诊断报告，并与组织核心领导人进行全面沟通确认，达成共识和解决路径。

（二）方案设计

依据诊断报告，形成初步的品牌管理咨询改善方案；与组织核心领导人、项目主管及其品牌运营成员就方案内容进行全方位沟通；咨询项目组依据沟通意见，内部优化方案内容，并及时进行方案汇报；调整确定方案。

（三）辅助实施与后续服务

一方面开展项目内部的复盘总结，做好社会组织品牌管理案例总结输出；另一方面咨询人员须及时跟进组织的品牌管理状况，做好跟进随访。

三、社会组织品牌管理咨询工作方法

（一）帮助组织搭建有效的品牌架构

品牌架构指的是一个组织的品牌体系，其既要体现组织品牌与项目品牌之间的关联性，又要展现项目品牌之间的差异性。清晰的品牌架构可以让社会组织的多个品牌之间形成平衡有机的整体，品牌间相互促进，实现品牌价值的最大化和品牌资产的持续提升。

咨询人员在工作过程中，结合组织实际情况，须帮助组织方形成系统性视角及战略性的品牌规划思维，减低碎片化、取巧性的品牌建设行为对于机构成本的浪费和社会美誉度的透支。

（二）帮助组织筛选合适的品牌策略

基于品牌架构的设定，咨询人员可帮助组织进一步筛选合适的品牌策略。一般而言，品牌策略分为系统性策略、叠加式策略和颠覆式创新策略

系统性策略是指组织将经营的所有系列产品服务使用同一品牌的策略，建立起“组织识别系统”。这种策略可以使推广新产品的成本降低，节省大量传播成本。如果组织声誉甚佳，新产品或服务必将强劲，利用统一品牌是推出新产品和服务最简便的方法。采用这种策略的组织必须对所有产品服务的质量严格控制，以维护品牌声誉。

叠加式策略是指组织利用已有一定声誉的品牌，推出改进型产品服务或新产品服务。采用这种策略，既能节省推广费用，又能迅速打开市场。这种策略的实施有一个前提，即扩展的品牌在市场上已有较高的声誉，扩展的产品服务也必须是与之相适应的优良产品服务。否则，会影响或降低产品服务及已有品牌的声誉。

颠覆式创新策略是指组织设立新品牌的策略，相对独立于组织原有的品牌观感和风格，形成自己特色的品牌特质和核心卖点。

这种策略一般适用于正在进行业务拓展的组织，低调开展的“市场公测”。业务拓展成功，即在组织层面上进行战略性品牌的重组；业务拓展失败，也不会影响组织原有的美誉度和公信力。

（三）帮助组织善用品牌叙事技巧

品牌叙事法一直是比较有效的品牌传播方法，较易产生“爆品”效应，社会组织的公益属性也恰好适合运用品牌叙事的技巧。

这是因为，首先，受众会产生“共鸣加工”的认知过程，设想自己是故事中的主角，经历故事中所描述的体验；其次，受众从假想的体验中抽身出来后，将感知到的品牌故事这类“外部故事”与自己的过往经验、回忆等“内部故事”进行联结，心甘情愿地相信品牌故事；最后，受众转而再召唤出对品牌的“参与”欲望。

社会组织在运用品牌叙事技巧时可参照以下三个原则：

真实：强真实性的品牌故事更能产生正向的品牌形象知觉。只有当受众对故事信以为真时，品牌故事才会发挥影响力。

情感：故事比单纯的数据优越的地方，就在于它不只是事实的陈述，还要包含丰富的情感力量，能刺激人们产生强烈的情感——一种本能的“非理性”偏好。

共识：一个好的品牌故事需要符合受众的世界观。这种故事精神与受众价值观之间的共通性会使受众形成更好的品牌态度，有效力的品牌故事甚至会让听故事的人从中学习到品牌目标群体的规范。

（四）社会组织品牌管理咨询常用工具

在开展品牌管理过程中，组织内会常态性地出现思维碰撞的现象，如何有效地利用好每位成员的创意，激发团队高效达成共识、沟通、决策，显得尤为关键。六顶思考帽和头脑风暴法便是这样两个实现有效决策、沟通的工具。

四、有效实用的决策与沟通工具

（一）六顶思考帽

该工具是由英国学者爱德华·德·博诺（Edward de Bono）博士开发的一种思维训练模式，它强调的是“能够成为什么”，而非 “本身是什么”，可使混乱的思考变得更清晰，使团体中无意义的争论变成集思广益的创造，使每个人变得富有创造性。

六顶思考帽，是指使用六种不同颜色的帽子代表六种不同的思维模式。任何人都有能力使用以下六种基本思维模式。

白色思考帽：白色是中立而客观的。戴上白色思考帽，人们思考的是关注客观的事实和数据。

绿色思考帽：绿色代表茵茵芳草，象征勃勃生机。绿色思考帽寓意创造力和想象力。具有创造性思考、头脑风暴、求异思维等功能。

黄色思考帽：黄色代表价值与肯定。戴上黄色思考帽，人们从正面考虑问题，表达乐观的、满怀希望的、建设性的观点。

黑色思考帽：戴上黑色思考帽，人们可以运用否定、怀疑、质疑的看法，合乎逻辑地进行批判，尽情发表负面的意见，找出逻辑上的错误。

红色思考帽：红色是情感的色彩。戴上红色思考帽，人们可以表现自己的情绪，还可以表达直觉、感受、预感等方面的看法。

蓝色思考帽：蓝色思考帽负责控制和调节思维过程。负责控制各种思考帽的使用顺序，规划和管理整个思考过程，并负责做出结论。

一个典型的“六顶思考帽”团队在实际中的应用步骤：陈述问题（白帽）；提出解决问题的方案（绿帽）；评估该方案的优点：列举优点（黄帽）、列举缺点（黑帽）；对该方案进行直觉判断（红帽）；总结陈述，做出决策，得出方案（蓝帽）。

戴帽。请团队成员、组织成员戴上特定颜色的帽子，或者请一个小组在几分钟之内使用某顶思考帽。

摘帽。请团队成员、组织成员摘掉某种特定颜色的帽子，让人们从这种思维中脱离出来。

换帽。可以通过建议一位小组成员摘掉一个帽子，戴上另一个来完成思维的瞬间转换，还不会冒犯被人。

用帽子把思维表现出来。用帽子来说明人们正在使用的思维类型。

（二）头脑风暴法

头脑风暴法是一种通过小型会议的组织形式，让所有参加者在自由愉快、畅所欲言的气氛中诱发集体之后，相互启发灵感，最终产生创造性思维的决策方法。在群体决策中，由于群体成员的心理相互作用影响，易屈于权威或大多数人意见，形成所谓的“群体思维”。群体思维削弱了群体的批判精神和创造力，损害了决策的质量。为了保证群体决策的创造性，提高决策质量，管理上发展了一系列改善群体决策的方法，头脑风暴法是较为典型的一个。

组织形式：小组人数一般为10~15人（课堂教学也可以班为单位），最好由不同专业或不同岗位者组成；时间一般为20~60分钟；设主持人一名，主持人只主持会议，对设想不做评论。设记录员1～2人，要求认真将与会者每一设想不论好坏都完整地记录下来。

操作程序如下：

（1）准备阶段：策划与设计的负责人应事先对所议问题进行一定的研究，弄清问题的实质，找到问题的关键，设定解决问题所要达到的目标。同时选定参加会议人员，一般以5~10人为宜，不宜太多。然后将会议的时间、地点、所要解决的问题、可供参考的资料和设想、需要达到的目标等事宜一并提前通知与会人员，让大家做好充分的准备。

（2）热身阶段：这个阶段的目的是创造一种自由、宽松、祥和的氛围，使大家得以放松，进入一种无拘无束的状态。主持人宣布开会后，先说明会议的规则，然后随便谈点有趣的话题或问题，让大家的思维处于轻松和活跃的境界。如果所提问题与会议主题有着某种联系，人们便会轻松自如地导入会议议题，效果自然更好。主持人扼要地介绍有待解决的问题。介绍时须简洁、明确，不可过分周全，否则，过多的信息会限制人的思维，干扰思维创新的想象力。经过一段讨论后，大家对问题已经有了较深程度的理解。这时，为了使大家对问题的表述能够具有新角度、新思维，主持人或书记员要记录大家的发言，并对发言记录进行整理。通过记录的整理和归纳，找出富有创意的见解，以及具有启发性的表述，供下一步畅谈时参考。

（3）畅谈阶段：畅谈是头脑风暴法的创意阶段。为了使大家能够畅所欲言，需要制定的规则是：第一，不要私下交谈，以免分散注意力。第二，不要妨碍他人发言，不去评论他人发言，每人只谈自己的想法。第三，发表见解时要简单明了，一次发言只谈一种见解。主持人首先要向大家宣布这些规则，随后引导大家自由发言，自由想象，自由发挥，使彼此相互启发，相互补充，真正做到知无不言，言无不尽，畅所欲言，然后将会议发言记录进行整理。

（4）筛选阶段：会议结束后的一两天内，主持人应向与会者了解大家会后的新想法和新思路，以此补充会议记录。然后将大家的想法整理成若干方案，再根据CI设计的一般标准，诸如可识别性、创新性、可实施性等标准进行筛选。经过多次反复比较和优中择优，最后确定1~3个最佳方案。这些最佳方案往往是多种创意的优势组合，是大家的集体智慧综合作用的结果。

第十章　社会组织财务筹资与专题管理咨询

第一节　社会组织财务管理咨询

一、社会组织财务管理咨询

社会组织财务管理是指社会组织管理本单位的财务活动、处理财务关系的一项经济管理工作。从功能上讲，社会组织的财务管理功能有两个方面：一是有助于降低组织财务活动的成本，提高组织财务运作效率，使有限的资金发挥最大的社会效益；二是有助于社会组织树立良好的社会形象，提高组织社会公信力，促进组织有效地开展筹资活动。

社会组织财务管理咨询，便是促进社会组织践行组织宗旨、优化绩效管理、防范财务危机、保证组织廉洁、提高组织公信力的系列支持性活动。

在具体实践中，社会组织财务管理咨询的独立性相对较弱，一般根植于综合性的组织管理咨询或者重大的项目评估节点来开展，但随着社会组织资金来源渠道多元化、组织常态性扩张和收缩、财务信用“一票否决”制的共识性普及，财务咨询也越来越得到组织核心领导人的重视。

二、社会组织财务管理咨询操作细则

（一）财务管理咨询诊断

财务预算管理诊断：结合组织发展战略，对社会组织的预算管理流程、财务预算编制方法进行诊断，查验组织的使命、长远目标、短期目标、项目目标、活动及活动步骤、细化的工作量及人力资源分配与组织的财务预算状况是否匹配。

财务内部控制诊断：咨询人员对组织的财务内部控制进行深度诊断，包括

管理控制（组织结构、财务制度、人事制度、质量、安全等）、会计控制（账簿凭证、货币资金、实物资产、收入支出、采购和付款、报销、投资、筹资、核算程序、担保等）和审计控制（管理流程审计、财务收支审计等）状况。

财务会计核算与管理诊断：咨询人员须对组织已经发生或已经完成的经济活动进行事后核算和管理，诊断其会计账务处理（会计科目分类与设置、会计凭证填制、会计账簿设置等）、资产负债和净资产管理（资产管理、负债管理、净资产管理等）的现状，深度分析其问题。

财务报表诊断：包括分析和掌握社会组织业务活动的效率情况、分析和衡量管理机构受托责任履行情况、分析社会组织偿还长期和短期债务的能力、分析和预测社会组织未来的发展趋势等。

根据诊断意见，编写社会组织财务诊断报告。报告完成后，咨询项目组将诊断报告与专业财务人员进行沟通验证，也确保该诊断报告符合组织的地方财务管理要求实际。

（二）方案设计

依据诊断报告，形成初步的财务管理咨询改善方案；与组织核心领导人、项目主管、会计人员就方案内容进行全方位沟通。特别是对于有多个公益项目类型、多个资金来源渠道的社会组织而言，财务管理改善方案须有一定的通用性和特色设置；咨询项目组依据沟通意见，内部优化方案内容，并及时进行方案汇报；调整确定方案。

（三）辅助实施与后续服务

一方面开展项目内部的复盘总结，做好社会组织财务管理案例总结输出；另一方面咨询人员须及时跟进组织的财务管理状况，培育良好的预算文化，逐步健全组织的成本管理体系，做好跟进随访。

三、社会组织财务管理咨询注意事项

（一）控制社会组织使用大额现金的现象

诸多社会组织负责人缺乏财务管理理念，有使用大额现金的习惯。咨询人员须帮助社会组织深刻认识到使用大额现金的风险：会引起资金流、物流流向不符，导致虚开发票的风险；会发生贪污公款营私舞弊的风险；到金融机构存取现金发生意外的风险；违反《现金管理暂行条例》的风险；私设“小金库”的风险；引发公众质疑，损害社会组织公信力的风险等。

（二）严防组织负责人兼任出纳现象

考虑到资金的有限性、不稳定性，部分社会组织往往为控制成本而减少人员的聘用,所以出现了组织负责人兼任出纳的现象。咨询人员在开展组织诊断时，须有效灌输《中华人民共和国会计法》的管理规定。

《中华人民共和国会计法》第四条强调，单位负责人对本单位会计工作和会计资料的真实性、完整性负责。《中华人民共和国会计法》明确规定单位负责人是各单位会计的法律责任主体，这是从我国会计工作实际情况出发所做出的有针对性的规定。一方面，单位负责人出于法律的威慑力，将主动地把自己的行为纳入法律秩序的范围，不敢利用权力强行指使会计人员做假账；另一方面，如果单位负责人一意孤行，则有明确的法律依据对该行为进行法律惩处。单位负责人应当建立健全内部约束机制，加强内部管理，指导督促有关部门健全会计核算制度、内部控制制度,保证会计工作规范有序地进行,依法提供真实、完整的会计资料。所以，从财务规范的角度出发，要严防组织负责人兼任出纳。

（三）定额发票报销注意事项

社会组织在进行物资采购时,为节约成本往往会选择在小卖场、小商铺购买，而这些采购地点大多只能提供定额发票。咨询人员须在组织诊断时，严格查看组织过往票据的合规情况，满足以下要求：定额发票的面值有0.5元、1元、5元、10元、20元、50元、100元7种；定额发票要有收款单位加盖的发票专用章；定额发票要有发票监制章（比如国家税务总局江苏省税务局挂牌后，全省税务局印制新版普通发票统一调整发票名称为“江苏通用机打发票”“江苏通用手工发票”“江苏通用定额发票”，发票监制章应为“全国统一发票监制章国家税务总局江苏省税务局”）；报销时需附上业务费用的明细清单及业务证明人签字。

第二节　社会组织筹资管理咨询

一、社会组织筹资管理咨询

社会组织筹资管理，指的是基于组织的宗旨和目标，面向政府、社会大众或基金会等，发动募集资金、物资、劳务的实施和控制过程。

公益事业中的“筹资”和“募捐”既有相同之处又有不同之处。募捐指的是具有募捐资格的组织基于慈善目的面向社会开展的募集捐赠获得；筹资则是更广范围内的社会组织为进行公益服务活动进行的资金筹集活动。

社会组织筹资管理咨询指的是由专业咨询人员运用筹资的理论、知识、经验、技能、工具和方法，为组织提供的筹资方案制定、改善、实施和培训的服务活动。

二、社会组织筹资管理咨询操作细则

咨询人员须深度诊断社会组织在筹资过程中的关键举措，保留其有效经验之处，分析其待改善的地方，并指出改进方向。

（一）组织筹资管理诊断

组织发展战略复盘：咨询人员须首要确认组织的战略定位、长期目标和短期目标，明确组织的使命、愿景、价值观。

组织管理复盘：咨询人员须梳理、确认组织的组织管理架构。这是因为组织架构是为了实现组织使命的制度安排，咨询人员了解组织架构有助于准确确认筹资在机构中的位置和意义。

筹资的基础条件诊断：对组织开展筹资活动的基本性要素进行诊断，包括是否有一定的社会公信力（评价依据）、是否有规范的财务制度、是否有良好的公共关系、是否有合法的组织身份等。

过往筹资行为规范性诊断：包括筹资工作组织的规范性、筹得资金使用的规范性、筹集信息发布的规范性和完整性、与捐赠者互动的规范性、财务透明度等。

筹资策略诊断：包括组织领导人的资源判断力诊断、有无明确的筹资目标、有无系统的筹资计划、有无成熟的筹资流程、有无多元化的筹资渠道、有无比较有效的筹资方式、有无"主打"的筹资产品、有无稳定合作的筹资对象、与潜在捐赠者有无建联等。

筹资影响诊断：包括所筹资金额对组织的影响、对项目的影响、对团队对影响，以及分析理念捐赠收入占据组织资金收入的百分比。

依据诊断意见，编写组织筹资管理诊断报告，并与组织核心领导人进行沟通确认。

（二）方案设计

依据诊断报告，形成初步的筹资管理咨询改善方案；与组织核心领导人、项目主管、会计人员就方案内容进行全方位沟通；咨询项目组依据沟通意见，内部优化方案内容，并及时进行方案汇报；调整确定方案。

（三）辅助实施与后续服务

一方面开展项目内部的复盘总结，做好社会组织筹资管理咨询案例总结工作；另一方面咨询人员须及时跟进组织的筹资管理状况，抓住关键细节，做好跟进随访。

三、社会组织筹资管理咨询工作方法

此处仅罗列三个关键性的工作内容和方法，包括筹资逻辑分析、捐赠人分析和捐赠方式分析。

（一）带领组织进行筹资逻辑分析

咨询人员工作中的重中之重就是帮助组织形成筹资逻辑，形成结构化的筹资思维。咨询人员可按照如下路径，通过提问、讨论、工作坊、头脑风暴等形式一步步带领组织进行思考、确认，强化其逻辑认知：你的愿景、使命和目标是什么？你要解决什么社会问题？你的社会问题解决方案是什么？谁是你的目标捐赠人/谁有可能对你的事业感兴趣？（他们具有什么特征？）捐赠人的需求是什么？如何去满足捐赠人的需求/怎样接近并影响他们？如何持续服务捐赠人并获得持续捐赠？

（二）带领组织进行捐赠人研究

社会组织筹资的过程就是让捐赠人发生捐赠行为的过程，是有效满足捐赠人需求的行动组合。咨询人员须教会组织如何开展捐赠人研究，了解其捐赠偏好和捐赠行为背后的逻辑。

1. 捐赠偏好

社会组织的筹资对象一般是社会公众、企业、基金会，每个类型的捐赠人都有自己的捐赠偏好，而且捐赠人偏好在一定程度上是难以改变的，社会组织要做的就是找对自己的目标捐赠人，且把某一类捐赠人的筹资做到极致。

2. 捐赠行为逻辑

从一定程度上讲，捐赠行为的机理和消费行为、投资行为近似。

捐赠，是一种特别的消费行为。消费，是利用社会产品来满足人们各种需要的过程。社会公众、企业、基金会等捐赠主体，基于如同情心、宗教情结、人道主义、知名度、美誉度等某一种需求，发生"消费"（捐赠）行为，获得满足需求的产品/服务。所以，对于社会组织而言，咨询人员要激励他们去发现、创造、引领捐赠人的需求。

捐赠，是一种特别的投资行为。在经济学视域下，投资指的是特定经济主体为了在未来可预见的时期内获得收益或者资金增值，在一定时期内向一定领域的标的物投放一定数额的资金或实物的货币等价物的经济行为。在公益筹款领域，捐赠行为也彰显着"投资"的本质特征，同样落脚于投资收益和收益率，只不过这种收益和收益率更侧重社会效益，如公益人才的成长、公益行业的推动、公益事业的发展、利他价值观传递等。

3. 了解目标捐赠人的渠道

社会组织同样要知悉了解目标捐赠人的常用渠道，咨询人员可以尝试带着组织进行模拟、实操一下。渠道一般包括官方网站、第三方机构/行业平台、内部信源、公益广告、年报、新媒体（微博/微信）、慈展会、主动拜访、论坛、其他合作伙伴等。

（三）带领组织进行筹资方式研究

从具体实践来看，很多组织的筹资方式都是低效甚至起反作用的。咨询人员在开展筹资管理咨询过程中，需要带领组织进行筹资方式的分析，共同找到相对适合的方式渠道。

一般而言，筹资方式包括向特定资助方进行项目申请、公众募款（微博推荐、基金会公募平台募款等）、专门活动（慈善晚宴、义拍、义卖等）等。对筹资方式的选择，要严格注意投入和产出是否合理、有效，并认真考虑随意或被动地参与筹资所造成的“机会成本”损失。咨询人员也应该提醒组织注意，慎重选择媒体和商业机构的以扩大宣传其影响力为主要目标的筹款活动（如各种评奖活动、捐物活动），避免给这些活动组织者利用 NGO 来“作秀”。

四、社会组织筹资管理咨询常用工具

（一）筹资项目设计工具——精益画布

精益画布从商业画布演变而来，主要用于梳理思路，明确项目价值和优势，确定筹资和服务交付渠道，最终形成筹资方案和行动计划，适用于有了初步的想法或项目雏形的筹资项目。具体使用时，可采用头脑风暴法，在画布的九宫格图内，逐一填充、丰富和完善。

表 10–1　精益画布

<table>
<tr>
<td rowspan="2">①问题
a. 组织致力于解决的社会痛点 / 问题。
b. 收集现在已有的解决方案，参照已有的方案可以承接或者项目递进，吸取已有方案，迭代项目设计。</td>
<td>④解决方案
a. 项目可以解决什么问题？
b. 策划行动，包含要解决的问题和采取的措施。
c. 建立项目与资金筹集的联系</td>
<td>③独特卖点
a. 用一句话简明扼要地表达为什么项目与众不同。
b. 突出问题解决的价值对组织使命的回应。</td>
<td rowspan="2">⑦门槛优势
即竞争壁垒，项目所具备的不可替代性。比如独有的合作关系、专家资源等，是别人无法替代的内容。</td>
<td rowspan="2">②客户细分
a. 对目标捐赠人进行细分，每一个捐赠人对应一张画布。
b. 捐赠人画像。</td>
</tr>
<tr>
<td>⑥关键指标
衡量产出内容，活动次数、参与人数、转化率。</td>
<td>⑤路径渠道
接近捐赠人、服务供给的方式，包含线上线下渠道。</td>
</tr>
<tr>
<td colspan="3">⑧支出
人员费用、物料费、场地费、活动业务成本等。</td>
<td colspan="2">⑨收入
项目的资金来源，如政府采购、基金会、众筹、收费性服务等。</td>
</tr>
</table>

（二）筹资维护工具——筹资漏斗

筹资工作类似于销售工作，具有两个特点：一是从最初的接触资助方到最后的成功筹款，要经历漏斗式的变化，成功具有一定的比例；二是与资助方需要较长的磨合与建立信任的时间。因这两个过程，我们按筹资机会的变化，将筹资工作分为三个梯度：接触、沟通、合作，呈漏斗状变化（见图 10-2）。

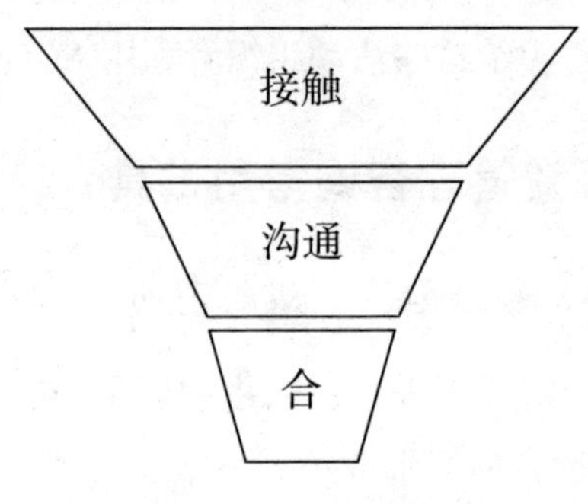

图10-2　筹资漏斗

1. 接触层面

主要任务：持续拓展新捐赠方，以标准化项目资料，进行高效的初步接触。将与潜在捐赠方的对接、互动作为日常工作、制度化开展，每个月保证固定数量的增加，并保证捐赠方档案的增加和更新。将建立资助机构档案，并逐步充实内容作为重要工作，保证筹资人员每周有时间去审视这些资料。

2. 沟通层面

主要任务：对于发出去的资料有积极反馈的资助方，即可进入沟通层，通过耐心的沟通，建立信任，挖掘合作机会。对新接触的资助方，沟通要持久、耐心、不放弃。精诚所至，金石为开。沟通层还有更加重要的资助方，是已有的合作伙伴。应在良好合作的基础上，继续寻找新的合作机会。在过去未能进入沟通层的资助方中，通过海投挖掘出新的合作机会，比单独从新的资助方去发掘更值得重视。

3. 合作层面

主要任务：对于确立合作意向的资助机会，专业、快速地完成协议签订、资金接收等工作。通知资助方所有关于项目和机构的最新活动进展、项目通信、特别告知； 邀请捐赠方派代表出席有关项目的活动，如培训、志愿者交流等；保质保量地完成与捐赠方约定的工作；定期向捐赠方提交工作进度报告、财务报告（季度或半年一次），如资助方有指定格式，按其格式撰写；确保项目的刊物和宣传品，正确地列出资助方的名称、标识和鸣谢信息（官网、年报、通信、其他制作物、微博、微信等）；与资助方代表定期会面，以解答他们的疑问，并提供有关项目的最新信息；创造机会，令资助方增加对机构、团队的了解和信任；如出版任何刊物和宣传品，或有关项目的报道，应预备一份附件供捐赠方存档；关注资助方的动态，发掘更多的合作机会。

第三节　社会组织专题咨询

一、专题性社会组织管理咨询

专题性社会组织管理咨询，是管理咨询工作精细化开展的表现。从具体实践来看，这种专题性的咨询是平台运营方在日常工作中较常遇到的情况，组织方会就某个具体事项与咨询人员展开交流。

一般涉及组织的个别部门、个别领域、个别团队，旨在具体问题具体分析的基础上解决问题，覆盖范围或者辐射面相对较小，而且往往是表象型的问题表征。多由社会组织自我觉察后主动提出，向管理咨询方寻求支持。常发生于社会组织入驻到公益孵化器后的中间阶段。

二、专题性社会组织管理咨询操作细则

（一）明确和理解问题

理解关键问题点。从咨询实践来看，很多时候组织在问题陈述时会相对模糊、赘述，甚至答非所问。咨询人员需要通过有效沟通，和组织反复确认对方所咨询的问题内容。

明确希望达到的目标。咨询人员需要了解组织期待达成的问题解决成效，若组织对此不太确定，咨询人员可以根据经验提出建议性的目标供组织选择。

明确可以利用的资源。相当于“授权”。咨询人员在和组织明确具体问题后，需要明确可以利用的资源状况，如调用组织内部的数据信息、访谈组织成员，甚至与组织的服务对象进行接触等。

（二）拆分和问题排序

拆解问题，是将问题定位到“元问题”的过程。咨询人员需要对问题进行再定位，以确保要解决的问题是“元问题”——最本质、最细小的待解决的问题。一般采用以下三种办法进行问题拆解：“公式化”方法进行问题拆解。在应对复杂问题、寻找解决方案之前，先用一个尽可能合理的假设，假设问题可能出现在某个细分的问题点上。这种方法的好处就在于我们在解决问题的过程中能够树立一个比较明确的目标，省时省力。有了这个假设，我们就有了一个需要证明或者证伪的对象。

搭建问题树结构，定义优先级。咨询人员需要与组织沟通问题解决的顺序，去掉非关键问题，筛选出优先解决的几个事项，并排出解决这些问题需要的时间、顺序，列出先后时间计划。

提出解决方案。基于问题的拆分和排序，逐一针对性地生成问题解决方案，并加以系统化完善后进行方案汇报

咨询人员需要将对问题的分析（拆分）、问题的解决路径向组织进行汇报确认，寻求理解、支持，达成推进共识。

（三）方案实施指导和总结

咨询人员对问题解决进行跟进指导，纠偏、完善方案的实施，确保实施成效。咨询人员结合组织反馈进行内部复盘总结，生成经验性输出和可标准化操作的文本。

三、专题性社会组织管理咨询常用工具

（一）问题拆解工具——问题树

问题树又叫逻辑树、演绎树，它其实是一个树状结构的思维导图。问题树的结构可以帮助咨询人员在拆解问题的时候有一条线，而不是漫无目的地去找答案。

问题树的优势在于， 一是帮助使用者更容易找到问题所在；二是可以根据拆解，把树上的问题都变成任务，清晰、没有遗漏地进行任务分配或方案设计。

问题树结构的搭建一般包括如下五个步骤：你要找出问题中存在的核心问

题和起始问题——这一点特别重要，之后的每一步都是基于这一点；要确定导致核心问题和起始问题的主要原因；要确定核心问题和起始问题导致的主要后果；根据以上的因果关系画出这个问题树；反复审查问题树。看看哪里还缺东西，进行最后的补充和修改。

（二）快速探求问题本质的分析工具——5Why 分析法

5Why 分析法，又称“5 问法”，是一种诊断性技术，被用来识别和说明因果关系链，它的根源会引起恰当的定义问题。不断提问为什么前一个事件会发生，直到回答“没有好的理由”或直到一个新的故障模式被发现时才停止提问。解释根本原因以防止问题重演（通常需要至少 5 个“为什么”）。操作应用 5Why 分析法分为四个步骤。

1. 把握现状

识别问题：我知道了什么？

澄清问题：实际发生了什么？应该发生什么？

分解问题：关于这个问题我还知道什么？还有其他子问题吗？

查找原因要点：我需要去哪里？我需要看什么？谁可能掌握问题信息？

把握问题倾向：谁？哪个？什么时间？多少频次？多大量？

2. 原因调查

通过 5 个为什么来调查识别根本原因，识别并确认异常现象的直接原因；使用“5 个为什么”调查方法建立一个通向根本原因的原因 / 效果关系链。

3. 问题纠正

采取明确的措施来纠正问题。

4. 通过“差错防止”过程进行预防

采取明确的措施来确保问题不会再发生。

四、专题性社会组织管理咨询注意事项

在本章节的介绍中，专题性社会组织管理咨询工作是聚焦到具体事项 / 问题而开展的，并非从组织层面上系统诊断设定的解决方案，因而在咨询成效上短期效益明显，长期效益充满着不确定性。咨询人员应在工作过程中，结合组织的生命周期，建议组织优先开展综合性管理咨询，其次是专项性的管理咨询，

最后是专题性的管理咨询，从根本上推动组织的良性发展。

五、专题性社会组织管理咨询示例——社工总站管理咨询

（一）案例特征

AB区民政社工始终遵循“助人自助，与爱同行”的社工理念，坚持民政局“长期项目+短期活动”指导思路，运用专业社会工作方法在AB区开展服务。2021年，AB区率先实现街道社工站全覆盖，在AB区民政局“133N”社工站建设模式、“常规活动”+“品牌专案”社工站项目运营模式下，初步形成以区社工总站为平台，16个街道社工站落地支撑区街居协同发展的工作局面，在社区治理、养老服务、儿童福利、社会救助等多个民政领域开展专业化、精细化服务。

在此基础上，AB区明确了区民政、社工总站、街道办事处、街道社工站等方面各自的职能。那就是AB区民政局出资金、给政策、抓监督；AB区社会工作服务总站搭桥梁、重指导、协监管；街道办事处出场地、给支持、协管理；社工机构强支撑、育人才、保运行；街道（社区）社工站做项目、抓服务、显担当。

AB区社会工作服务总站是由AB区民政局购买，以协助AB区民政局对全区社工站建设的总体推进为目标，遵循AB区民政局“保障、服务、标准、特色、传播、督导”的工作机制，通过制度制定、业务培训、专业督导、资源整合、总结宣传等途径，为全区社工站建设和社会工作人才培养助力。

（二）社工总站专题诊断

1. 明确与理解问题

从咨询实践来看，社工服务总站职能明确了职能：“保障、服务、标准、特色、传播、督导”。但是对于什么是保障、什么是服务的表述相对模糊，承接组织对于如何从服务机构转向平台机构还较不清晰，咨询过程中通过有效沟通，和组织反复确认对方所咨询的问题内容。

（1）识别问题——我知道了什么？

具体咨询过程中感受到组织承接能力的问题、社工总站具体定位非常明确，但是如何从定位出发，从战略出发，做好各项服务的办法不多，战略方向不够

明确。

（2）澄清问题——实际发生了什么？应该发生什么？

明确了职能不清、方法不多、方向不清的具体表现是什么。明确了职能不清主要是因为层级关系与作用机制不够明确，尽管总站与站点有着各自的工作范围，在横向上分解了职能，但是如何实现纵向分层以及各个部门之间如何相互作用尚不清晰，相互影响的职能作用机制还不明确，社工总站如何针对街道、社区、社工站进行支持，具体方法是什么还不明确。

（3）分解问题——问题表现什么方面？

方法论不明确，具体的方法、技术、技巧、工具没有清晰的规划，各个层次方法不清晰，针对的问题不清楚，需要分解问题成为不同的子问题。

（4）查找原因——原因与根源

原因在于社工总站精细化、精深化、精准化规划不足，支持能力不足，支持资源不足。

（5）把握问题倾向——谁？哪个？什么时间？多少频次？多大量？

定量化的问题，发现社工总站在“保障、服务、标准、特色、传播、督导”等各方面，无法有效地将问题精细化表述为数据。

2. 明确希望达到的目标

咨询人员了解组织期待达成的问题解决成效。具体咨询过程中，咨询人员了解到组织还不是特别清楚应该如何运作总站，在方法、路径、技术、组织等多个层面欠缺经验。

一是咨询人员可以根据经验提出建议性的目标供组织选择。

二是需要提供专门的督导，进行督导的督导跟进。

三是需要及时地总结经验习惯相关的案例。

四是需要从方法论上总结出运营社工总站的方法论。

3. 明确可以利用的资源

咨询人员在和组织明确具体问题后，需要明确可利用的资源状况。发现组织内部缺乏有经验的工作人员，缺乏数据信息，缺乏从服务型机构向支持型机构转化的组织基础与资源基础。

（三）具体咨询建议

1. 理解总站定位

（1）是新时代发展的需要；是实现共同富裕，不断提升人民高品质生活质量，实现高质量发展的需要；是实现民生服务从“兜得住”向“兜得好”转变，社会建设向社会治理转变的需要。

（2）是民政行政体制改革的需要；是将社会服务、公共服务分开，分开公共事务和公共服务，提升行政效能的需要；是通过社工站建设、提升民政服务效能、实现民政组织职能下沉、精准满足基层服务的需要。

（3）是中国社会工作本土化建设的需要；是将行政化社会工作与社会化社会工作再融合的需要。

2. 总体建议

（1）总体设计较为出色，既有总体顶层的设计，又有具体工作范围与边界的规定。

（2）主要问题诊断建议如下：

第一，支持、保障、特色、传播、督导、评估的六大职能需要进一步细化，完善总站的职能。

第二，培育提升总站人员的能力，加强督导队伍的建设，使得总站能够发挥其支持功能。

第三，围绕地区焦点议题，总站进行整体的破题攻关，形成燃点效应。

3. 总站职能的细化

（1）支持应该包括培训支持、督导支持、传播支持、研究支持（高校）、难点破题支持、政策学习分享（社区、街镇外出学习），评估支持等。

（2）保障应该包括资金保障、程序保障、政策制度保障、风险控制保障、协调协同沟通保障、引入与出壳保障、管理保障等。

（3）特色应该以地区品牌为主，然后寻求区域品牌影响力，同时特色应该能够被各个社会组织落地转化。

（4）传播不仅仅是媒体传播，口碑传播、自媒体传播、会议传播、流量传播都是可以使用的传播手段。

（5）督导建议重点建设：第一，督导主体应该从外部高校老师为主转变化内生督导、实务督导为主，要培养自己的督导队伍；第二，督导客体要从传统的社工（人）为对象，转变成为从社工（人）、项目（事）、组织（管理）三个方面进行综合性督导；第三，督导的组织体系要从督导制度、督导队伍、督导标准、督导管理、督导评估、督导成长等多个方面来建设；第四，督导的方式不仅仅可以采用传统“面询”与“团督”的方式，也可以通过一对一教练陪伴式督导、督导训练一体化督导、诊所式督导、研究式督导、督导联盟、现场诊断工作坊督导一体化——监管、督导、评估、培训方式来进行；第五，督导的标准应有统一质量评价标准。

（6）评估建议。总站举办的评估应该为参与式评估（利益主体、价值主体、服务主体、对象共同参与），定期举办评估展示会，建议人大代表参与现场评估。

第十一章　平台型社会组织的平台化管理

第一节　阿米巴模式

运营社会工作平台的组织部分应具备平台型社会组织与平台化管理能力，如前所述，平台型社会组织有三个特性：第一，龙头示范特性；第二，桥梁纽带特性；第三，技术支持特性。平台运作的主体——不具备平台型或者平台型组织的能力，不能称其为平台型社会组织。组织既无技术的支持能力，也无人才的供给能力，还没有资源链接的能力，更没有做好小的生态环境与大的生态环境的能力，就基本不具备运营平台的可能性。因此，前述诊断、咨询、规划等能力可以看作运营社会工作平台的能力。而要具备这些能力，就要求组织从一般服务型机构向平台型社会组织转化，这一类组织在组织管理层面也会呈现出组织关系多样化、管理能力数字化、绩效管理颗粒化、管理结构柔性化与管理文化利他化的特征。这些特征的出现除了互联网平台、数字经济等方面的影响外，还与阿米巴管理模式有着较深的关系，阿米巴模式是社会组织内部平台化管理思想源泉。

一、阿米巴模式

阿米巴，企业经营管理模式中使用这一词，称作“阿米巴经营模式”。阿米巴模式是由日本企业家稻盛和夫创立的管理理论与管理实践模式。阿米巴经营就是以各个阿米巴的领导为核心，让其自行制订各自的计划，并依靠全体成员的智慧和努力来完成目标。阿米巴（Amoeba）在拉丁语中是单个原生体的意思，属原生动物变形虫科，虫体赤裸而柔软，其身体可以向各个方向伸出伪足，使形体变化不定，故而得名“变形虫”。变形虫最大的特性是能够随外界环境的变化而变化，不断地进行自我调整来适应所面临的生存环境。在阿米巴经营方式下，企业组织可以随着外部环境变化而不断“变形”，调整到最佳状态，即能适应市场变化的灵活组织。

二、阿米巴哲学

阿米巴模式的哲学本质是“敬天爱人”，这一源自日本明治维新时代的哲学理念成为阿米巴管理哲学的出发点。“敬天”就是遵从自然与社会的本身发展规律，“爱人”则是要从人的本性出发。从遵从规律和人的本性的理念出发，阿米巴模式在产品管理上以精确化、精细化为基准，依靠精细化管理方法来提高产品质量，推动产品创新。在分权管理上，它通过量化分责、分权的方式让参与者提高主动性，黏合与企业的利益关系。阿米巴管理是一种精益化管理，需要管理者有高度的责任心，需要员工有足够的敬业心。

阿米巴管理理念与新时代社会组织从一般性管理走向平台化管理、强调赋能、强化授权有一定的相似性，社会组织管理层面也会呈现出组织关系多样化、管理能力数字化、绩效管理颗粒化、管理结构柔性化与管理文化利他化的特征。

三、阿米巴模式的特性

（一）全员参与与权力分权

1. 全员参与

阿米巴管理是让每个员工都能参与进来。从员工的角色转化成为“经营者”“管理者”的角色，用建造利益共同体的方式，最大限度地激活员工的工作积极性，让内部爆发出创造力与活力，同时形成对于市场的快速反应机制，从而提升市场的感知能力。

2. 权力分权

参与感的核心在于每个人都能找到自我，每个人都有话语权，才能产生“我是经营者”的概念。这样做也是为了让企业诞生出若干个新的“法人”，每个“法人”都会竭尽所能地做出正确的决策，为企业附加一种刚性动力。

（二）共同价值与人性激活

1. 价值共识

阿米巴管理需要管理者有高度的责任心，需要员工有足够的敬业心。稻盛和夫确立的经营理念是确保员工的物质和精神需求同时得到满足，为人类和社会的进步做出贡献，这是在精神层面建设了一个组织的共同价值体系，建构整体价值共同体。

2. 人性激活

阿米巴模式强调人性的激活，在“人心聚合、责任共担、创新激活”三个层面上强调人性激活。

首先，价值共同体不仅仅体现在价值共识上，更体现在人心是否聚合上，员工是否爱岗敬业上，员工在管理中能够杜绝攀比与相互拆台至关重要。这需要引导员工学会认同与分享成功经验，维护个人和组织的利益。更为重要的是阿米巴需要在价值体系上建构工作不是为了牟利，也不是为了生存，而是为了在精神层面实现更高层次追求的理念。

其次,为了达到对理念的共同认知,需要对于价值体系加以组织责任的确认,实现责任共担。特别是面对组织危机时候，切实保障员工利益，实现组织对于员工的责任共担。2008 年世界金融危机时，在别的企业大幅度裁员的情况下，稻盛和夫没有裁掉员工，而是让正式工休息，临时工减少工时，两类员工基本的生活费得以保障，让全体成员都能安然度过危机。这样切实的保障让员工和组织团结一心，员工自然会积极地回报企业。

最后，信奉阿米巴的人必须要有信仰，要信仰精神之力，听从内心的声音。不是要我做什么就做什么，更为重要的是鼓励创新，释放员工的个性，让他们凭借自身的优势成为佼佼者。对于自身的角色应在责任的基础上塑造创新者的角色，为了更为重要的精神追求，实现更多的创新。

（三）建立内部市场

1. 内部市场系统

阿米巴经营模式的流畅运行需要内部清晰的结算体系作为支撑，包括财务结算、资源分配以及绩效计算系统的强力保障。阿米巴各自的收入都可以向其他阿米巴购买服务，这样就有了收入。每个组织都会为了自身的利润不断完善自我，形成较为清晰的内部市场系统，使得内部分权的阿米巴之间实现简单化的交易且不至于增加内部的管理成本。在管理体系中，需要建立成熟的ERP（企业资源计划）系统，简化内部市场交易过程，提升交易效率。

2. 建立纠错系统

内部市场必然存在内部竞争，应该避免在竞争中出现竞争力差或者要价高的问题。内部建立专门的纠错系统，高层管理者也会适当进行纠错，防止因为某个负责人的性格因素造成小组的决策失误。为了避免纠错系统提升管理成本，纠错同样以流程上分权的方式，避免人为地将一些程序弄得复杂或者简单，让每个参与者都能根据实际情况调整经营状态，实现生产力的释放。

（四）自由组合

员工任意组合，组员和队长能够相互选择，甚至允许单人成组。国内海尔的 SBU 经营机制（将员工从被管理者变成自主经营的创新主体），根据市场需要自由建立创新小组，每个小组都能决定自己设计与生产产品的款式，拥有自己的销售计划和内部排名，奖励和分配也能自主认定，有高度的自主权力，而企业的财务、行政等部门都属于服务部门，为这些产品小组服务。

（五）透明化的管理

一旦员工被充分授权，广泛参与创新，人性被激活以及在内部再组织化、市场化，员工就会从被管理者转变成为经营者，会积极地寻找问题的根源并解决问题。为了让埋头苦干的员工、敢于担当的员工、勇于创新的员工能够获得应有的物质与精神回报，同时避免让善于表现自我的人成为功臣，需要用数字化方式进行考核，依靠数字量化让大家的目标统一，杜绝攀比心和嫉妒心，使每个人积极完善自我的欲念被激发出来。

（六）风险共担

1. 价值与风险量化

阿米巴的价值量化是用最终的产值利润通过价值链倒推，最后合理分配到每个阿米巴中的一种量化手段。同样，阿米巴的风险量化是用最终的风险成本通过责任分配，将风险分散，减少亏损。

2. 行政与管理风险

阿米巴经营模式的最大优势在于,通过缩小编制让管理的力度变小,相应地,组织的整体就得到了扩大。诚然,缩小编制会增加分工协调的难度,提高管理成本,但是对于每个阿米巴的要求就会相应提升,小组都会被要求提升独立生存和应对外界刺激的能力,复制经营者的思维,提升运营能力。另外,假定阿米巴中的每一个成员,每一个阿米巴组织都非常优秀,那么如何让他们心甘情愿地听命于他人或者其他组织呢?依靠行政变革很难实现管理效率提升,传统的行政组织架构遭受到了挑战,降低这种风险就必须培养员工的社会性,用德行服人降低风险而非用利益去约束人。

3. 价值风险

稻盛和夫认为,拼命地工作能够磨炼灵魂,工作不是为了牟利,也不是局限在生存层面,而是在精神层面。能够理解这一观点的人,才具备实现阿米巴经营的可能性。必须进行思想上的准备,员工必须在磨炼中获得的感悟和启示,才能应用在企业经营上。

每个阿米巴都对经济效益负责,并非只是为了完成高层安排的任务。将经济效益不断分散到每个阿米巴当中,也有利于培养具有经营意识的人才。

四、阿米巴模式与平台型社会工作组织管理

国内平台型组织一般都是通过开放的共享机制,赋予员工相当的财务权、人事权和决策权,使其能够通过灵活的项目形式(经营体、微生态圈、模拟公司等)组织各类资源,形成产品、服务、解决方案,满足用户的各类个性化需求。在这一过程中,员工变成了为自己打工的创客,而创客成为组织新的成长点。伴随这一过程组织内部组织关系多样化、管理能力数字化、绩效管理颗粒化、管理结构柔性化与管理文化利他化的特征不断涌现,平台化趋势会越来越明显。

第二节　平台组织的平台化管理

一、管理的三条主线与三种管理框架

（一）管理主线

平台化管理需要实现管理绩效、全员广泛参与、责任共担、人性激活，就要从三条主线开展相关工作。

绩效主线：管理促进组织绩效提升，绩效与成本的控制。

人性主线：管理追求人性激活，需要组织对员工进行人性满足，通过赋能管理，激发每个人的激情、动力、社会价值，使得价值内化，使命达成，人性满足。

外部主线：管理外部社会性后果。社会生态管理构成了社会组织管理特有的领域，企业生态是市场化的，社会组织资源、生存、互动均来自外部社会生态，需要对于外部进行管理。

（二）管理框架

社会组织的组织架构改革的终极目标在于依靠组织体系的变革实现整体发展，用组织化的动力推进组织使命与战略的实现。无论哪种组织架构，组织核心的要素在于人、事、财、团队、文化、价值等，组织的核心竞争力在于以什么样管理框架组合这些要素。社会组织的管理框架不同于企业内部的“成本—利益模型”组合，而是“成本—收益模型”“价值成本—自我实现模型”“社会资本—社会生态模型”三重叠加架构。管理需要解决的问题不是用最小的投资获取最大的收益，而是在组织成本考量之下建设三重组合叠加的管理架构。

1. 成本—收益模型

“成本—收益模型”是社会组织在自我生存时必须去满足的管理模型，这是一般的企业模型。管理是为追求效率与效益存在的，组织生存需要在成本与收益之间找到组织发展的可能性。

2. 价值成本—自我实现模型

“价值成本—自我实现模型”是价值、人性激活方面的管理模型，也是阿米巴模式嵌入模型。管理是以共同的责任、收益、风险、价值追求与担当来实现的，组织需要在扩大规模或者平台化管理中实现内部人性的激活。

3. 社会资本—社会生态模型

“社会资本—社会生态模型”是社会组织管理架构的特殊类型，充分表明社会组织的管理是社会性的管理，资源依赖于社会生态，服务依赖于社会环境，管理依赖于社会价值。在共同解决社会问题时，多元主体需要共同性的行动，才能解决问题与推进社会的发展。

（三）社会组织的阿米巴模式的改革

阿米巴经营就是以各个阿米巴的领导为核心，让其自行制订各自的计划，并依靠全体成员的智慧和努力来完成目标。他需要在全员参与、权力分权、价值共识、人性激活（人心聚合、责任共担、创新激活）、建立内部市场、员工自由组合、内部数据透明、风险共担等层面进行机构改革，同时将外部生态纳入机构管理，以这样全方位的改革，实现整体管理的变革，最终实现平台化管理的格局。

（四）社会组织阿米巴改革的风险

考验社会组织的最大管理问题在于无法用理事会、监事会、管理层的架构来包括社会组织管理的三种管理架构模型。引入阿米巴模式，要求社工机构既可以实现内部盈余，又能带来团队价值满足、员工自我实现以及社会问题的解决，是非常困难的事情，这需要对机构的外部生态、机构自身生存以及员工价值进行统筹管理。但是，三个管理架构叠加的管理模式，一般会比其他的管理模式消耗更多的管理成本，同时会带来更多的管理环节，降低管理的效率。

二、治理结构变革

（一）法人治理结构的概念

法人治理结构有多个概念。有的认为法人治理结构是指由承担风险的所有者，发挥战略和监督作用的董事会，执行经营的总经理及高级领导班子组成的一种组织结构。有的认为法人治理结构是指在股东、债权人、经营者、职工、关联企业、顾客等企业权益人之间有关经营与权利的配置机制。有的认为法人治理结构是指所有者与经营者“委托—代理”之间的关系与交易费用结构。而这些概念都无法描绘社会组织法人治理结构的特征。

（二）社会组织法人治理结构

1. 治理结构

社会组织法人治理结构中，没有“所有人—委托人”关系与交易费用结构，而是“捐助人—管理者—受益人”关系与交易费用结构。对于企业而言，尽管存在所有权和经营权分离的问题，但原始“出资人”也是最终“受益人”，至少“所有权”和“受益权”是统一的。而在社会组织中，由于社会组织的利润盈余不在所有者或出资者中进行分配，因此“出资人（捐助人）”与“受益人”的角色是分离的，即所有权、经营权和受益权“三权分离”。

2. 特定关系

社会组织有特定的受益人，他们既不出资也不出力，是依据社会组织设立目的而享有利益的人，可以是一般性或不特定的某一部分人。受益人根据组织章程享有的权利即为受益权。因此，不同于企业的法人治理结构有明确的委托关系，社会组织是公共利益代为委托的关系。它包括：

监督问责——因为社会组织向更为抽象的社会负责，外部的社会生态中的政府与社会力量代为行使监督问责。

信托机制——公司是责任信托下的利益信托，社会组织是法律规范与国家信用体系下的公共责任信托。

激励机制——价值激励问题，通过人性激活，实现公平激励。

组织架构——以组织架构实现监督问责、委托管理、人性激活。

这些关系与机制要通过阿米巴模式中全员参与、权力分权、价值共识，以及外部生态的管理形态来实现。

3. 社会他律

规范社会组织的行为仅依靠自律是远远不够的，还必须建立相应的他律机制。建立组织的问责机制是有效的方式之一。社会组织应向理事会、捐助者或全体会员负有说明和报告义务，更为重要的是社会组织作为一个整体对其使用资源的流向及其使用效用向理事会、捐助者或全体会员进行说明和报告。社会组织的公共责任更具强制性。组织的使命和目标决定其必须主动履行公共责任，组织架构的复杂性以及利益关系人的多样性意味着其面对对象的多样性。组织面对如此多样化的公共责任对象，所涉及的公共责任内容包括公共信息的披露、法律规则的遵守、董事会的监督与信托责任、募款伦理与廉洁、对关系人的响应、组织使命的正当性、利益冲突的避免和解决，以及公共资源的管理等。

（三）平台化社会组织法人治理结构的变革

1. 治理结构变革的原则

首先，治理结构反映的是机构内部的利益、价值、未来格局。作为利益格局，不同于企业将企业股东利益或者客户利益放在第一位的要求，社会组织应当将受益人与员工共同利益放在第一位，受益人与员工利益第一，机构利益第二，决策层或者管理层利益第三。

其次，平台化要求治理结构的变革去中心化，转而将注意力集中在每一个独立的个体身上，内部“神经反射链条——组织内部管理反应机制”要发生变化，不能再用循规蹈矩的反馈模式，要加快响应速度，让每个员工都行动起来，让每个部门都活跃起来，铸造组织反应的新模式。

最后，治理结构变革要改变决策模式，不能让几个创始人或者机构高层单独决策，要让权力分散，也要让压力分散，特别是让长期工作在一线的基层员工享有一定的决策权力。让每一个员工都变成经营者，借用他们的经验和才智强化组织的竞争能力和管理能力。

2. 治理结构变革的起点

传统的社会组织法人治理系统存在三个问题：一是理事会权力过大，相关法律法规对于理事会的约束机制不健全；二是监事会机制不健全，对于理事会监管形同虚设；三是理事会在跨域管理的时候，缺乏有效信息与管理体系，没有组织内部管理的反应机制，难以对各地问题做出快速反应。同时，各地在复制过程中，也出现了应对实际情况的各种偏差，急需在法人治理结构寻求突破。

所以，要基于三个问题对于法人治理结构进行改革，一是机构法人治理结构需要突破单一的从上至下的管理体系；二是员工真正参与机构治理的各个环节，做好决策环节的变革；三是治理结构改革做好企业内部管理反应机制，为员工人性激活做好组织基础。

3. 治理结构变革的案例

以乐仁乐助社会创新机构为例，他们的治理结构发生了较大的变革。其原有法人治理结构为理事会、监事会、管理层、执行层。新的法人治理结构为理事会上面设计“员工代表大会、工会代表大会”，员工代表大会与工会代表大会分别提出福利提案与发展提案，从下至上行使权力，两个大会对理事会的整体发展进行讨论与决策。建立总干事联合治理委员会，行使日常决策职能。同时在管理层之外匹配“自治委员会”，用以督办具体提案的落实情况。第二个管理结构改革是重建了中央职能部门，重建秘书处、研究院、创新大部、运营部用以支撑各地的创新发展业务。

社会组织的理事会只是向抽象社会负责，没有具体的负责对象，需要赋权给一般员工，实现员工赋能与授权，进一步实现责任共担、风险共担、人性激活——让员工相信组织也是自己的。

一是治理结构变革。在法人治理结构里面，工会代表大会、员工代表大会作为最高的决策机构，自治委员会与总干事联合治理委员会、理事会共同构建了决策治理平台。自治委员会作为员工的福利保障和员工参与机构管理的重要机制而存在。总干事联合治理委员会是为了改变理事会不理事的问题，由理事会让渡 14 项决策权力。由此构建一体化嵌套法人治理结构和相关的组织体系。

二是由区域事业部与技术事业部构成组合型组织结构体系。这种组合型组织结构体系突破了传统的直线式、项目式、矩阵式组织结构，呈现出双向直线式叠加矩阵项目制的结构形态。改革过程中，机构将内部自治机制融入其中，建立自治委员会实现自我实现的组织化设计，借以实现员工自我价值，降低内部的组织成本。把外部社会资源与生态体系纳入统一管理，需求多种资源的外部螺旋，建构组织社会资本，以社会资本替代组织成本，力求组织成本外移，降低外部的交易成本。这样，通过治理结构变革，责任共担、风险共担、人性激活管理目标就得以实现。

三、系统管理变革

（一）隐性激励变革

社会组织的特殊性决定了其对组织员工激励方式的特殊性。社会组织本身的社会服务本质，使其员工更具使命感和奉献精神，其绩效评价应与物质激励、价值激励直接挂钩。在对组织成员进行管理和激励过程中，特别是对于社工，价值激励、声誉激励、目标激励等隐性激励方式显得更为重要，而对于大量志愿者，隐性激励方式甚至可以作为单独使用的激励方式。而这种隐性激励方式需要在正式组织管理结构中以制度化的方式来实现。

1. 明确的管理流程

对于组织内部管理秩序混乱的社会组织，贸然推行阿米巴模式只能是加速社会组织的衰落。因为组织一旦被拆分成各个单元，每个单元都会为个人利益不顾一切地损人利己，这是长期缺乏秩序、法规和流程约束的必然结果。假定一个员工的细微事项，如果经过多人审批的情况下再加以细分，分出若干个小组织之后，工作效率只能是更为低下，所以日常工作的流畅度是流程管理是否科学与良性运行的重要标志。

2. 可靠的数据平台

赋能、授权、激活需要将一切工作转化为可以评判和比较的数字，这样才能对每个阿米巴进行评估，并能够根据数据及时调整经营策略和战略布局。这是一种精确化的工作方法，内部需要进行数据库建设、提升数字化运营能力。

3. 公平的管理制度

阿米巴经营的是人心，锁定的是利润，人心和利润有机整合在公正透明的管理制度中。必须让员工参与制度的制定、参与管理、参与分配，这样才能培养出有能力的员工和塑造具有凝聚力的工作氛围，这也是拉近管理者和执行者关系的最佳方法。通过管理制度建设，使得员工参与阿米巴经营，打造出一个价值与利益并重的内部市场和外部市场。

4. 积分的隐性奖励

隐性鼓励最佳的方法可以是精神激励或者配合积分制的奖励，避免直接用物质去刺激员工从而形成唯利是图的工作氛围。应当让他们既能享受到效率提升后的现实利益，又能接纳组织输出的哲学思想。

（二）内部市场——利益共同体

在社会组织内部建设内部市场并不是简单地像企业那样将内部市场组织化后，分割成一个又一个的单独并列的小组，仅仅实现权力与利益分割，而是充分理解前述所说的三角市场情境，充分理解外部三角市场的特点，把握在复杂市场下三方共赢的市场格局，同时理解社会交换螺旋外部情境特点，理解“价值成本—自我实现模型”与“社会资本—社会生态模型”有机融合下，多方利益和多方的价值都会交汇到社会工作平台里面，通过平台运作实现交汇共融。这个过程当中也包含了各种冲突、各种矛盾。只有理解了外部的多元、多层、多阶的需要，在内部分割市场的时候，才能创造出内部与外部统一的市场，构建起利益共同体的格局。

以乐仁乐助社会创新机构为例，运用长板竞争战略“以短补长”，集中机构所有的战略资源储备着力于一种服务与一种产品的开发，通过长板集约，形成了可以从规划设计、产品研发、试点制造、质量把控、复制推广、风险控制系统化长板产品供应链条，在内部形成了良好的合作市场网络。在纵向一体化市场中，内部市场构建七线版块有 3 种不同的功能。一是后台六线版块统一支持一线服务，形成内部市场；二是七线版块可以独立运作，实现技术外溢与服务外溢，形成外部服务市场；三是支持版块在不同服务版块中，可以自由组织成新版块、新小组，成为新的服务版块与服务组织，其他版块又可以成为支持发展的版块，形成阿米巴式的组织激活。

这种七线版块战略设计是后向立体化、前向一体化内部市场设计。在后向一体化过程当中，把机构的管理咨询、诊断研发、技术支持、平台运作、资源把控以及相关的服务，进行了后向一体化的整合，实现对于机构整体战略支持与市场交易。同时，在后向一体化过程当中做好了整体的人力资源及财务资源的匹配与服务交易。在水平一体化战略中，由于机构的领域众多，服务的区域各有差异，就形成了水平各异、相互互补的内部竞争产品网络。同样是社区治理，不同地区的社区治理是相互学习、相互促进的，通过内部市场交易，在内部提升服务水平，实现一体化的发展格局。在前向一体化过程当中，通过统一的品牌打造，统一的服务，统一的运作，统一的质量把控，统一的营销，形成了一体化的纵向市场战略。比如，社区服务纵向一体化涉及的研发、诊断、咨询、软件、规划、设计、产品、平台、创投、培育、孵化等业务，组织内部支持性部门承担支持一线业务的职能，又可以相对独立地实现向外服务，构成了独立发展的部门。把纵向一体化优势转化为横向一体化，利用平台优势、体量优势、技术优势进入到新领域，进入之初即可形成优势，实现业务横向一体化过程中的重大效益与优势。

（三）人性激活——价值共同体

1. 建立正向价值共同体

阿米巴模式强调人性的激活，在“人心聚合、责任共担、创新激活”三个层面上强调人性激活。

及时建立内部的学习组织，引导员工学会分享别人的成功经验，及时内化组织价值观，在隐性激励的基础上，不断将责任、价值、创新等理念加以内化。及时树立组织目标，用组织目标统摄员工的工作方向，用目标告诉每一个参与者为了实现它，最佳的保障手段就是阿米巴经营，参与到组织经营和发展中。及时内化组织的哲学思想去覆盖全员的私心杂念，在内部产生向心力，让利他精神成为一种本能反应，而不是简单地去逐利，这样才能让整个团队变成一块铁板，增强抵抗外部压力与挑战的能力。

2. 建立风险价值共同体

无论正向理念如何打造，都必须对于价值体系加以组织责任的确认，实现责任共担。特别是面对组织危机时候，切实保障员工利益，实现组织对于员工的保护与责任的承担。

首先，在风险价值共同体的建设中，关注细节是至关重要的。在时间管理、质量管理、分工管理中，单个事件往往很难引起注意，但是汇集起来，就会对整个数据化管理造成伤害，就会在无形中产生多个泡沫。这些泡沫积攒到一定程度之后就会从内向外地腐蚀组织，也会混淆决策层的战略视野，更会让基层员工找不到工作的方向。

其次，风险价值共同体建设，组织确认的责任至关重要。要想员工有信仰精神之力，释放出员工的个性，还要鼓励创新，就需要面对风险的时候，组织挺身而出，勇于承担责任。

以乐仁乐助社会创新机构为例，在面对 2020 年新冠肺炎疫情危机时，以组织的挺身而出实现组织与员工风险的共担。2020 年新冠肺炎疫情危机实际上是一种“长投影型危机”，会使机构面临三大挑战：一是如何应对现金流挑战；二是危机中如何凝聚人心；三是居家办公如何保证效率和重构组织形态。

一是如何应对危机中的现金流挑战。制定了“一补一延两压缩，三快四金两替代”干预战略，较为理想地解决了现金流危机。尽力争取了补贴退税，同时寻找合作方的支持；开源节流，设立现金流预警指数，实施开源替代、同业替代战略；依法合理地申请五险一金等延迟缴纳；压缩大额支出，压缩管理及一般福利性支出；实行了“三快”举措，未签约的快签约，已签约的快催款，款项已到的快产出；合理利用四种不同金融工具，保证充足现金流。

二是危机中如何应对凝聚人心的挑战。做出“三不”承诺：危机时刻不裁员！不使员工承担不科学任务，评估为无控力危险场景的不复工！不给社会添乱！用机构担当来凝聚人心。运作“四每”举措，作为一个有使命感的机构，每位事业部主管要做到“四每”——每天联动、每天支持、每天盘点、每周培训。每天通过邮件、QQ、微信等联动，保持紧密联系，并在群内营造氛围；每天电话联系员工，给予直接支持；每天盘点工作；每周培训，培训不一定必须解决具体问题，而是保持学习和工作的状态。用高社会资本网络来凝聚人心。建立“五讲”格局——讲使命、讲格局、讲担当、讲关心、讲角色。当此危急时刻，重新学习机构使命有担当，用机构使命凝聚人心；当此危机时刻，不管是一线服务、二线项目、三线支持、四线平台以及五六七线工作人员，都践行机构使命，有责任担当，无论身处何地，可当志愿者即为志愿者，可当支持者即为支持者，用高格局任务凝聚人心；当此危机时刻，事业部主管、高级主管应带头冲锋，在线上线下积极做事、发声，展示良好社会形象，用先锋模式来凝聚人心。积极关注弱势群体，义不容辞做兜底！这不是用来凝聚人心的，是责任，应有的是格局。

三是危机中居家办公如何确保效率的挑战。学习同程公司的“在家办公三板斧”方法。

第一板斧：使命感、仪式感、危机感，让团队能够动起来。机构的文化有创新、使命、担当等，每一位事业部主管要向员工传递文化，增强使命感，通过比如视频会议而非语音会议的形式塑造“仪式感”，同时要向员工说明目前所处的境况，让大家都能有危机感。

第二板斧：定目标、追过程、拿结果，让团队能够跑起来。主管做好工作安排，追踪过程，明确产出。

第三板斧：日报、晨会、晚会，让团队能够兴奋起来。各事业部每天进行线上视频会议，通过开会来提高工作成效。

对于创业者来说，面对疫情危机中可以做的是不等，不怨，少刷手机；读书，跑步，不要聚会；静心，积极，微信鼓励；日报，行动，员工助力；相信，深思，危中寻机；凝心，聚力，疫后重生。

（四）管理控制——未来共同体

全员参与、权力分权、价值共识、人性聚合、责任共担、创新激活、建立内部市场、员工自由组合、内部数据透明、风险共担这些阿米巴经营关键因素要得以成立，在平台运作中仍然要建立组织目标、质量、风险的督导、督察、评估机制，以一定的他律保障整体的运营。需要组织及时地自查自纠，发现问题——排除隐患——总结经验——赋能团队，这是一个自我剖析、自我革新的过程，而不只是空头喊口号、空泛地喊创新，以数据为依托进行科学的分析，构建未来的整体创新机制。

以乐仁乐助社会创新机构为例，内部督察机制是以自治委员会为平台实现的，内部督导是建立独立的督导中心，内部评估则是以评估中心与质量管理办公室为主。

自治委员会主要督察机构现有的各项管理制度有无未正常、有效地运行或现有制度内容有无明显滞后于实际需求，并对员工的身心权益造成不良影响的情况，在《中华人民共和国劳动法》和机构当下发展情况的前提下，督察涉及员工各项福利待遇、员工合法合理权益等事项有无落实的情况，督察涉及在职期间员工与职业工作相关的能力培训、素质提升、职业生涯规划有无落实的情况。

评估中心与质量管理办公室对内负责制定机构内部项目质量保证体系相关管理制度；负责组织开展机构内部项目质量监控工作；协助机构开展人才培养各阶段状态调查和多元评价工作，及时发现与排查隐患。同时，负责组织开展机构内项目预评估与整改督办工作，并承担《事业大部评估发展报告》，以归拢各个事业部发展分散的发展目标，集成各个部门发展力量，实现整体发展。此外，对外承接评估、研究、咨询类业务，包括但不限于项目评估、社会组织评估、公共部门绩效评估等内容，归口、统筹中心各类业务评估规范和标准，通过内部评估中心标准化建设以对接外部市场。

督导中心是机构设置的开展社工督导、促进专业发展的内部工作机构，拥有具备资质的专业督导团队，中心对内主要开展内部督导培养、项目督导、专业交流等，对外提供专业社工督导、社会组织培育督导、社区治理督导、平台运营督导等相关领域的专业督导。通过督导及时总结经验、赋能团队。

参考文献

[1] 何五星 . 互联网金融模式与实战 [M]. 广州：广东人民出版社，2015.

[2] 徐晋 . 平台竞争战略 [M]. 上海：上海交通大学出版社，2013.

[3] 忻榕，陈威如，侯正宇 . 平台化管理：数字时代企业转型升维之道 [M]. 北京：机械工业出版社，2020.

[4] 马庆珏 . 中国非政府组织发展与管理 [M]. 北京：国家行政学院出版社，2007.

[5] 吴忠培 . 企业管理咨询与诊断 [M]. 北京：科学出版社，2018.

[6] 孙连才 . 管理咨询经典工具与模型精选 [M]. 北京：清华大学出版，2014.

[7] 彼得・德鲁克 . 非营利组织管理 [M]. 北京：机械工业出版社，2011.

[8] 黄旭 . 战略管理思维与要径 [M].4 版 . 北京：机械工业出版社，2020.

[9] 马旭晨 . 项目管理工具箱 [M]. 北京：机械工业出版社，2013.

[10] 赵黎明 . 科技孵化器系统研究 [M]. 北京：中国经济出版社，2014.

[11] 李书玲 . 组织设计：寻找实现组织价值的规律 [M]. 北京：机械工业出版社，2018.

[12] 戴维・伊凡斯，玛格丽特・哈恩，麦克斯・乌尔曼，艾伦・艾维，心理会谈的基本技巧 [M]. 上海：上海社会科学出版社，2019.

[13] 金成哲 . 战略运营管理咨询工具箱 [M]. 北京：人民邮电出版社，2010.

[14] 王旭 . 战略推演：获取竞争优势的思维与方法 [M]. 北京：中国经济出版社，2014.

[15] 迈克尔・哈里森 . 组织诊断——方法、模型与过程 [M]. 重庆：重庆大学出版社，2007.

[16] 冷湖 . 阿米巴经营：稻盛和夫的核心管理法 [M]. 北京：台海出版社，2014.